9Marks 建造健康教會

CHURCH ELDERS

長老職分

如何像耶穌一樣
牧養神的百姓

傑拉米·萊尼 (Jeramie Rinne) 著

梁曙東 譯

Church Elders: How to Shepherd God's People Like Jesus

Copyright © 2014 by Jeramie Rinne

Published by Crossway

1300 Crescent Street

Wheaton, Illinois 60187

長老職分：如何像耶穌一樣牧養神的百姓

作者：傑拉米・萊尼 （Jeramie Rinne）

翻譯：梁曙東

校對：徐震宇

編輯：趙　然

特約編輯：臧玉芝

ISBN：978-1-958708-04-0

電子書 ISBN：978-1-958708-05-7

除非特別説明，所有聖經引文均來自新標點和合本聖經

版權所有 © 九標誌中文事工

領導力，正如其他聖靈的恩賜一樣，目的是為了造就基督的身體。保羅清楚地對提多說，只有設立了合適的領袖教會的各項事情才會井井有條。教會生活中大部分懸而未決的問題都可以歸咎於教會帶領上的缺陷。傑拉米‧萊尼剖析了聖經對地方教會長老身分與工作的闡述，清新明瞭，極有助益。這本書可供長老們一起閱讀，使他們獲益；也能幫助會眾為帶領者禱告，支持他們，讓他們的工作成為喜樂，而非重擔。

——阿利斯泰‧貝格（Alistair Begg），俄亥俄州克里夫蘭市帕克塞教會主任牧師

萊尼證明，一本論述教會長老職分和侍奉的書，是可以寫得既全面又簡明的。這本書的價值何等之大！我發現本書不僅讓人增廣見識，也充滿了對神的敬拜，幫助身為牧師的我愛耶穌，並進一步愛祂的教會。我很難想到還有另外一本論述同樣主題的書可以像本書一樣如此容易與人分享。

——傑理德‧威爾遜（Jared C. Wilson），佛蒙特州米德頓斯普林斯（Middletown Springs）社區教會牧師

你是否盼望看到，在你的教會有越來越多敬虔又成熟的弟兄與全職牧師同工，參與牧養、教導、訓練會眾，使人做

主門徒的工作呢？這本小書聖經立場鮮明，充滿智慧，熱情洋溢，講述教會侍奉和帶領上美好的特徵。無論你怎麼看待應該如何設立長老、建立長老團隊，或應如何稱呼這些人，你都會在本書中找到很多可以挑戰、鼓勵和引導你的內容。

　　——托尼·佩恩（Tony Payne），馬提亞事工出版主任；與人合著有《枝與架》（*The Trellis and the Vine*）一書

謹以本書獻給南岸浸信會的眾長老，

他們是我的好兄弟。

目　錄

叢書前言

你認為建造健康的教會是你的責任嗎？如果你是個基督徒，這就是你的責任。

耶穌吩咐你建造門徒（參見太28:18-20）；猶大說要在至聖的道上建造自己（參見猶20-21）；彼得呼召你使用恩賜彼此服侍（參見彼前4:10）；保羅告訴你要用愛心說誠實話，幫助你的教會更加成熟（參見弗4:13、15）。你明白我們的想法從何而來了嗎？

無論你是教會成員還是領袖，建造健康教會系列叢書都會幫助你完成聖經的吩咐，使你完成建造健康教會的託付。另一方面，我們也希望這些書能使你更愛你的教會，就像基督愛教會一樣。

九標誌計劃依照健康教會的九個標誌，為每一個標誌寫一本短小易讀的書，同時還加上幾本為純正的教義、禱告和宣教所寫的書。請密切關注我們關於解經式講道、聖經神學、福音、歸信、福音佈道、教會成員制、教會紀律、門徒訓練、教會帶領的書籍。

地方教會當向全地彰顯神的榮耀。我們藉著注目基督耶穌的福音，信靠他的拯救，彼此相愛，在神的聖潔、合一和相愛中做成這一切。我們禱告，你手中的書會幫助你，給你盼望。

狄馬可（Mark Dever）

約拿單·李曼（Jonathan Leeman）

叢書編輯

「我當上長老了，接下來該怎麼辦？」

（代序）

　　許多牧師都能寫這樣一本書，書名就是《神學院沒有教過我的教牧侍奉》。這本書很可能會有一些讓人感覺痛楚、心情沉重的章節，例如「如何熬過場面難堪的同工會議」、「在三歲孩子的葬禮上該說些什麼」等等。教牧侍奉涉及到各種受苦、灰心和心碎的經歷，沒有一間學校能預備學生來面對這一切。

　　但侍奉也給人帶來驚喜。在神學院沒有人告訴過我，我會愛上我的會眾，我可以近距離親眼目睹神的信實和福音的大能在人生命中動工。

　　也沒有人提示過我，與平信徒長老同工會給我帶來怎樣的喜樂和滿足。

　　我愛平信徒長老。[①]他們身為長老，儘管工作日程安排

---

① 我說「平信徒」的時候，基本上是指「志願者」或「不受薪資」的意思。我用這個說法，不是暗示神職人員與平信徒之間有明顯區別。相反，本書的論點是，一位不受薪的長老和一位受薪的牧師發揮著同樣的

緊密，家庭生活忙碌，但卻願意犧牲時間和金錢，付出流淚禱告的代價帶領地方教會，我充滿敬佩。我喜歡看著他們一起爭戰，應對挑戰，犯錯誤，並在這個過程中成長。這就好像當年主耶穌與十二門徒在一起：這些普通的、有缺陷的人，靠著神的恩典完成了一項非凡的使命。我教會中的長老，對我來說是真正的好兄弟，我無法想象，若沒有這些與我一同做牧者的人，侍奉會變成什麼樣子。

我喜愛長老還有另一個原因：他們是神所計劃的，目的是帶領神的教會。神一直在為祂的百姓預備牧者。祂把摩西、撒母耳和眾士師賜給以色列，又興起以色列**優秀的**牧者大衛王。然而這些人，包括大衛，都在某方面失敗了。大衛之後的君王逐漸地將神的羊群帶進偶像崇拜和不公義的罪中。因此，眾先知開始講到一位將要來到的牧者，一位新的「大衛」（例如賽9:1-7；結34:20-24）。

神成就了他的應許，差遣耶穌，那大衛的子孫，為羊捨命和復活的好牧人。但事情並沒有就此結束。耶穌賜下使徒，然後賜下**長老**做祂手下的牧者，看顧祂的羊群，直到祂再來（弗4:7-13；彼前5:1-4）。長老是耶穌的助手，牧養祂的教會。

作用——即便會眾選擇付薪給後者，因為這樣可以讓他有更多的時間來做這項工作。

敬虔、善意，還有……困惑

雖然出於這些原因我愛長老，但我也留意到一個反覆出現的問題。雖然通常情況下長老們敬虔且充滿善意，但他們常常對於做長老意味著什麼感到困惑。他們並不總能完全把握住他們所當**做**的事。老實說，我們這些受薪牧師經常與他們一樣感到困惑。

結果就是，長老傾向於把其他類型的帶領模式引入到教會的治理中，通常就是那些根據自己親身經歷和職業所得出的模式。這些人看不到聖經對長老職責的明確說明，於是很自然就回頭依靠他們所熟知的事。他們認定長老的工作就像：

- 管理一所學校
- 開公司
- 指揮軍艦
- 專案管理
- 指導運作
- 監督分包商
- 在董事會任職

事實證明，雖然生活中所經歷的這些方面在長老的帶

領中總會有所幫助，然而，治理一個教會卻是一項獨特的任務。

「我當上長老了，接下來該怎麼辦？」

本書的目的，是為讓長老看到一個簡明、合乎聖經的長老職責說明。我要對長老的任務作一種簡明易懂且鼓舞人心的概述，可以讓一位新長老或將來可能擔任長老的人知道，長老是怎樣的人以及長老要做什麼。我希望本書可以回答一位敬虔、善意之人所提出的這個問題：「我當上長老了，接下來我該怎麼辦？」

但本書不僅是為現在擔任長老，或渴望擔任長老的人而寫，也是為教會成員而寫。全體會眾需要明白神為地方教會制定的計劃，包括他為教會帶領所制定的計劃。教會成員可能也像長老一樣，對長老的工作職責感到困惑。

所以我向神祈求，願本書能促進教會健康，讓教會成員和教會領袖以聖經關於地方教會侍奉和帶領的異象為中心，達致合一。我希望靈裏昏睡、只是乾坐在教會長凳上的弟兄們可以在讀了這本書以後靈魂蘇醒，渴慕牧養他們的家庭和教會。最後，我祈求神使用這本小冊子，改變一些弟兄的生命道路，呼召他們進入教牧事工，以此來作為他們的職

業。

長老、監督和牧師

讓我簡要說明一下用詞：我會交替使用**長老**和**監督**這兩種說法，因為新約聖經也是這樣交替使用的。[2]長老的職分是有兩個稱呼的同一份工作。

實際上牠有三個稱呼。我會在第二章論證說，**牧師**這個術語（如「牧者」）指的是教會中與**長老**和**監督**相同的職分。根據聖經的說法，長老就是牧師，牧師就是監督。在地方教會生活中，我們通常把受薪的長老稱為「牧師」，把不受薪的平信徒牧者稱為「長老」或「監督」。

無論是長老還是牧者，監督還是牧師，受薪還是自願，都是同一份工作。**但這是一份怎樣的工作呢？**長老在一個地方教會裏應當做什麼？耶穌對牠手下的牧者發出的行軍號令是什麼？他們如何才能知道自己是否正在完成這個使命？

在回答這些問題之前，我們必須做一些更基礎的事情。

---

② 請留意在下列經文中，**長老、監督、牧養**這些詞匯是如何交替使用的：《使徒行傳》20章17節、28節；《提多書》1章5至7節；《彼得前書》5章1至5節。

我們需要明白聖經對擔任長老的人所提出的任職要求。如果你正在考慮擔任長老這一職分，那麼你首要的任務就是要分辨自己是否已經做好了準備！

第一章

不要想當然

　　我十多歲就信了主，給我傳福音的是內華達州拉斯維加斯城外一家小小的、由眾長老忠心侍奉和帶領的浸信會。26歲時，我成為了馬薩諸塞州波士頓郊區一家小型浸信會的主任牧師（或者你也可以稱為主任長老）。所以你可能會想當然地認為，我對長老到底是怎麼一回事知道得一清二楚。但不管你信還是不信，我是在成為一位長老**之後**，才開始真正學習聖經中關於長老的教導。

　　我學習的時候，有兩件事令我吃驚。首先，我對聖經說到長老的地方**如此之多**感到驚奇。幾乎所有新約聖經的作者都論述了長老的事，有超過十幾處的經文講到了這個問題。我越來越清楚地認識到，像基督一樣的長老並不是一個可有可無的教會特徵，長老在神牧養他教會的計劃中處於中心地位。我過去怎會竟然看不到這一點？

　　其次，聖經對長老職責的描述，以及為長老定下的任職資格，與我想當然認定的竟然**差別如此之大**，對此我深感震驚。我過去曾認為我有資格擔任一位牧師和長老，因為我愛

耶穌、有神學院的學位，講道還相當不錯。難道還需要更多條件嗎？

也許你想當然地認為，你也應當可以成為一位長老，不過理由各異。也許你認為，你加入長老團隊的時候已經到了，因為你一直是一位忠心的教會成員。你已經在宣教委員會任職兩屆，帶領過家庭查經小組，甚至在教會找不到老師的時候你還教過二年級主日學。你已經做了你該做的事，現在是時候輪到你來參與帶領了。

也許你理所當然地認定，因為你的慷慨奉獻，你就可以加入長老團隊。教會沒有你寫的那張支票，就不會在財政年度結束時還有盈餘。奉獻慷慨的人理當居於高位，有很大的發言權，這可是規矩。這樣，你的教會也可以使用一位有一點點商業頭腦的領袖。

也有可能你認為自己應該帶領教會，因為你在教會以外也是做帶領的工作。也許你管理著一家成功的公司，擔任一家非營利機構的董事，主持一個部門的工作，指揮一支軍隊，或為一支運動隊擔任教練的工作。你的領導才能、經驗和天賦，會讓你成為一位理想的長老候選人，這樣的推論是理所當然的。

但這些想法正確嗎？

正如我在序言中所指出的，你第一個與長老有關的責

任，就是要根據聖經所列出的長老任職資格，查驗自己是否真的應當成為一位長老。不要想當然。就算你之前曾經做過長老，也要讓神的話語來檢驗你是否有資格。

以下是從新約聖經中得出的關於長老任職的六個方面的資格。請帶著禱告的心通讀一遍，並常常停下反思。邀請他人與你對話。讓你的妻子、一些朋友或一位長老來看這一部分的內容，並問他們：「我符合這些對任職資格的描述嗎？」

當你具備以下條件時，你就知道自己已經具備了做長老的資格：

第一，你想要成為一位長老

在新約聖經一處對長老最詳細的教導中，使徒保羅開門見山地説：「『人若想要得監督的職分，就是羨慕善工。』這話是可信的。」（提前3:1）彼得則是這樣説的：「務要牧養在你們中間神的羣羊，按著神旨意照管他們。不是出於勉強，乃是出於甘心。」（彼前5:2）

渴望、羨慕、甘心。你必須想要這個職分。忠心牧養對你的要求很高。如果你裏面對這個角色並沒有一種渴慕之心，那麼你可能會因筋疲力盡而中途退出。當然這並不意味

著，每一個想做長老的人都是合格的，但牠確實意味著，缺乏渴慕的心是一個問題。

在我的教會中有一個人，他實實在在是擔任長老的材料。我們的提名團隊邀請他擔任長老。實際上，我們邀請了他三次。顯然，第三次起了作用，因為他終於同意了。但當我與他有了更多的交談後，發現他明顯缺乏一種強烈渴慕擔任長老的願望。他之所以同意服侍，部分原因在於之前他已經兩次謝絕了這個邀請。最終，出於他對教會的責任感，他同意參與服侍，而這正是彼得警告要防備的事。

他還告訴我，他的願望是能把從日程安排中抽出更多的時間，向鄰居和城裏的人分享福音。我只能想象，當他投身於牧養群羊的事工後，而他所盼望的卻是出去把更多的人帶到教會中，最終他可能會有很大的挫敗感。所以經過進一步的禱告，他改變了主意，勇敢地第三次拒絕了提名。我們幾乎把一位愛傳福音的人誤認為是一位長老。

雖然並非你所有的動機都是敬虔的，但你卻必須要有一種內心的渴慕，希望自己成為一位長老。聖靈是否已經把一種敬虔的渴望放在你的心中，讓你願意牧養地方教會？你的動力是什麼？

第二，你具備敬虔的品格

你可能會想當然地認為，一位長老最重要的品格特徵，就是要有技巧，能管理一家機構。雖然管理能力是擔任教會監督的一部分，但新約聖經作者更為強調聖潔的品格。在耶穌手下做牧者的人，必須反映出耶穌的品格。一位領導才能平庸的敬虔長老，要比一位富有人格魅力，卻有明顯道德瑕疵的領袖來得更好。

請仔細閱讀保羅所列出的兩份監督資格的清單。這些美德應當像為一位長老量身訂制的西裝一樣：

> 作監督的，必須無可指責，只作一個婦人的丈夫，有節制，自守，端正，樂意接待遠人，善於教導；不因酒滋事，不打人，只要溫和，不爭競、不貪財。（提前3:2-3）
>
> 監督既是神的管家，必須無可指責，不任性，不暴躁，不因酒滋事，不打人，不貪無義之財；樂意接待遠人，好善、莊重、公平、聖潔、自持。（多1:7-8）

鑒於像基督一樣的品格如此重要，讓我們慢下來，更仔細地思想其中的一些品格。

無可指責。保羅在他的美德清單一開始就提出「無可指責」。這個描述並不意味著一位長老已經完全勝過了罪，過著一種在道德方面毫無瑕疵的生活。如果情況真是這樣，教會就得開除他們的眾長老了——所有的長老。一個無可指責的人，是指在像基督一樣這方面所展現出的一種堪稱典範的程度，沒有明顯的罪。「無可指責」近乎「端正」（提前3:2）、「公平」和「聖潔」（多1:8）。

安泰博（Thabiti Anyabwile）在論述長老資格的書中說得很好：

> 「無可指責，這意味著一位長老應當是那種沒有人會懷疑他行惡或不道德的人。人們若聽到這種人受到控告做了這些事，就會感到非常震驚。」[1]

提名無可指責的人擔任長老，可以增強會眾對教會領袖的信任。另外，教會領袖無可指責，也可以捍衛教會對社區作的見證，因為正如保羅所說的：「監督也必須在教外有好

---

[1] 安泰博《尋找忠心的長老和執事》（*Finding Faithful Elders and Deacons*，Wheaton, IL: Crossway, 2012.），57。中文版可參考九標誌中文事工網站電子書，下載地址：https://cn.9marks.org/toolkit/ebook_findingfaithfuleldersanddeacons/

名聲，恐怕被人毀謗，落在魔鬼的網羅裏。」（提前3:7）

節制。按照保羅的描述，長老必須自我節制，頭腦清醒，穩健和經受得住考驗。節制是聖靈所結的果子（加5:23），是基督徒生活的一個標誌。簡而言之，一個被聖靈充滿的人是一個自我節制的人。

很有意思的是，保羅在兩份清單中都對一種缺乏節制的具體表現提出了警告，就是酗酒。酗酒摧毀人的生活，讓人更深陷入罪中。我認識一個人，當他成為長老後就戒了酒。在喝酒的問題上，他希望自己無可指責，並且成為與酗酒抗爭的教會成員的榜樣。雖然聖經並沒有要求長老滴酒不沾，但他們必須擁有像這位弟兄所展現出來的那種自制力。

你是否隱藏著對酒精、毒品、色情或賭博的癮症？你是否會在怒氣、金錢消費、咒詛或傳謠方面失控？你是否需要暫緩一段時間再擔任長老，好讓你可以專注於釘死一些習慣性的罪，培養節制？

溫和。東非斯瓦希裏人有一句著名的諺語：「大象爭鬥，草被踐踏。」同樣，當一個教會的牧者好鬥、有攻擊性的時候，羊就受到傷害。所以保羅描述合格的長老「不打人，只要溫和，不爭競」（提前3:3），「不任性、不暴躁」（多1:7）。以自我為中心，好轄制人，好爭辯，咄咄逼人，態度生硬，頭腦發熱，一觸即爆的監督會壓垮教會成員。

相反，長老必須是極其溫和的人。溫和並不意味著軟弱或膽怯。溫和的長老帶著牧者的溫柔心腸和慈父的敏感來行使他們的權柄。我曾看過一個電視節目，一只烏龜爬到一頭正在水邊喝水的大象身旁。這頭大象低下頭，小心翼翼地用腳趾把這隻烏龜移到一邊，免得自己會在不經意間踩壞這隻爬行動物。我非常驚奇地看到這個龐然大物竟會如此小心。同樣，當人們感受到從一位教會領袖身上所散發出來的溫和，他們也會感到驚奇。

你是溫和還是行事粗暴？你是一位使人和睦的人，還是個煽動者？你是善於聆聽，還是滔滔不絕地想要表明你自己的意見？在這些方面自己來衡量自己是困難的，請大膽請求一些富有洞察力的教會成員來對你做坦誠的評估。

不貪財。長老絕不可「貪財」。彼得說長老服侍必須「不是因為貪財，乃是出於樂意」（彼前 5:2）。這些話對那些利用服侍發財致富、過著奢華生活的牧師來說是紮心的責備。要警惕那些傷害羊群的牧羊人。

貪財不僅是受薪牧師的問題，要掙錢謀生的平信徒長老，可能也很難投入時間和精力來看顧會眾。有時，貪財的平信徒長老或許會用他們的奉獻來操縱教會。他們可能會控制教會的財務預算，讓教會把資金用在自己所喜好的事工上；或是根據每月的財務報表來評估教會的健康與成功。當

愛財的人帶領教會，用在看顧窮人、植堂和在普世宣教方面的金錢就會枯竭。為什麼要在這些事工上大量投資呢？這些事工並不能直接使這些貪婪長老的小地盤變得更興旺。

你如何看待金錢？你是愛錢，為積累財富而活嗎？還是你樂意為地方教會奉獻，為傳福音，以及滿足他人的需要而奉獻？你是否有十一奉獻，還是只是做做樣子？是一種獻祭還是一種象征？你的奉獻是否有附帶條件？請認真察驗自己，「貪財是萬惡之根」（提前6:10）。

在我們讀下去之前，請稍停片刻，思想耶穌。當宗教領袖控告耶穌與魔鬼結盟的時候，這樣的控告不能成立，因為**耶穌無可指責**。當揮刀的彼得要給耶穌一個機會，不讓人抓住祂時，祂依然保持**克制**，定意要成就祂和父在十字架上所定的旨意。當與軟弱、受到傷害、有病的人打交道時，祂是**溫和的**。當魔鬼提出要把世上的國都給祂時，祂並不**貪婪**。在所有的這些時刻，耶穌都是作為神完美的牧羊人來行事，也為今天教會中的長老樹立了榜樣。

第三，你能教導聖經

保羅說一位監督必須「善於教導」（提前3:2）。對於長老牧養的工作來說，教導聖經處在中心地位。我們會在第三章更詳細地探討教導的問題，現在我們只需反思這一點：「我是否已經在用神的話語教導他人，並且取得了能觀察到

17

的果效？」

在過去的幾年，我們教會的眾長老一直在討論潛在的長老人選。有時某人會提議一個人擔任長老，此人已經信主多年，是忠心的教會成員。我們談論這個人敬虔的品格，以及他幸福的婚姻生活。我們列出他所參與的事工和委員會，發現他已經投入了成百上千個小時的時間來自願服侍。我們越談論就越明顯地看出，這個人應當成為一位長老。

然後有人問了一個問題：「他能教導聖經嗎？」

可以肯定，這裏所講的這個人已經以他敬虔的品格為榜樣教導了我們，但這並不是保羅要求長老善於教導時所要講的意思。保羅指的是富有果效地用言語溝通來傳遞福音和聖經的教義。一位長老必須「堅守所教真實的道理，就能將純正的教訓勸化人，又能把爭辯的人駁倒了」（多1:9）。

我們意識到在某些情形下，這位弟兄從未有過教導，甚至在小型聚會例如家庭小組內也未曾有過教導。所以我們暫時擱置了對他的長老提名，準備在接下來的談話中與他探討這個問題。

長老要像耶穌一樣牧養群羊。正如耶穌帶著權柄宣告神的話語，將來可能做長老的人也必須要顯明他們能夠很好地教導聖經。

第四，你很好地帶領了你的家庭

美國社會對公開與私下、工作與家庭之間的界限劃分得非常清楚。我們根據一個人是否具有增加利潤、完成公司目標的能力，而不是根據他們個人生活的品質來評估一位商界領袖。這位領袖的家庭世界——兒女、婚姻、性生活——根本不關他人的事。

但在神的家中，一位長老的家庭生活意義重大。事實上，婚姻和教養兒女是評估一個人是否適合擔任長老的驗證平臺。請思想，一個人對家庭的帶領，使他在三個方面有資格帶領教會。一位長老必須：

只作一個婦人的丈夫。大多數英文聖經譯本把保羅的這句話翻譯成「只作一位妻子的丈夫」（提前3:2；多1:6），但一些譯本把牠譯為「作一個女人的男人」。我們很難確切地知道該如何解釋這個短語。[2]但至少牠傳遞了一個忠誠丈

---

[2] 看來這個短語不大可能是用來表明禁止一夫多妻，因為聖經用這個短語的反義語「只作一個丈夫的妻子」來描寫有資格得到教會救濟的寡婦（參見提前5:9），並且在希臘羅馬世界，也絕不存在著一妻多夫的現象。排除了是指一夫多妻的可能，那麼這個短語的意思必然就是：（1）按字面的意思理解，從未再婚，不管之前是離婚還是喪偶；或者（2）象徵的說法，指的是「忠誠的配偶」。我傾向於後一種解釋。更全面的探討，可參見George Knight III, *The Pastoral Epistles:A Commentary on the Greek Text* (Grand Rapids: Eerdmans, 1992), 157–58.

夫的觀念，這位丈夫尊重神聖的婚約。

　　你是否一直在性方面對妻子忠誠？你有沒有經常瀏覽色情網站？你離過婚嗎？此刻你和你的配偶關係如何？沒有人過著一種像童話般沒有摩擦的婚姻生活，但如果你的婚姻生活步履維艱（或更糟糕），又或者有過失敗的婚姻，你就應當首先與一些有智慧的長老和牧師談談，然後再尋求擔任長老的職分。如果你要看顧基督的新婦，那麼如何對待自己的配偶就非常重要。

　　要求一位長老必須「只作一個婦人的丈夫」，這是否會讓未婚的弟兄失去擔任長老的資格呢？鑑於保羅在其他地方對單身服侍好處的清晰闡述，並且他自己就是一位未婚使徒的例子（參見林前7:7、25-28），看來單身本身並不應攔阻一個人擔任監督的職分。雖然如此，但如果你尚未結婚，請你自問：「我是否保持了性方面的純潔？我在戀愛關係中是否無可指責？」

　　一位管理有效的父親：對長老而言，管理技能**確實**重要。監督應當具備領導能力，「監督」這個稱謂已經暗示了這一點。但我們通常是將「管理」與雇員、政策、金融和戰略計劃聯繫在一起的。保羅想到的卻是一種不同的管理渠道：兒女和家庭。

　　一位長老要能夠「好好管理自己的家，使兒女凡事端莊

順服。人若不知道管理自己的家，焉能照管神的教會呢？」
（提前3:4-5）

你能看出做父親和做長老之間的相似之處嗎？在這兩者中，男人都承擔了領導的角色。在這兩者中，他都背負著首要的責任，幫助在他看顧之下的人成長，一同在和諧的關係中生活。教養兒女和擔任長老，都是在做引導人在群體中邁向成熟的工作。你要首先牧養你自己的家，以此來學習牧養神的家。

你的兒女表現良好還是失控？你在家裏是否教導兒女學習神的話語和福音？還是你的兒女會因你過分的嚴厲或參與不足而生氣（參見弗6:4）？你的家庭氛圍主要是滋養和有序，還是充滿荼毒和混亂？

這一段經文是否把沒有兒女的弟兄排除在外，使他們不能擔任長老職分？不，在原則上並非如此。然而，如果一位已婚男性為了享受某種生活方式而拒絕生兒育女，好使兒女不會妨礙他，我們就應該擔心了。是否對世界的愛攔阻了他順服「生養眾多」這項基本的婚姻命令（參見創1:28）？但如果一個人出於自己無法控制的原因而沒有兒女，他就應在生活的別處表現出他能在門徒培訓方面生養眾多。原則就是：應當提名已經參與到有效牧養工作中的人來擔任牧者。

樂意接待遠人。保羅兩次命令監督要「樂意接待遠人」

（提前3:2；多1:8）。

樂意接待遠人，能彰顯出對窮人、失喪的人和孤獨之人的仁慈、憐憫和看顧。所有這些資格都是一位長老所應當具備的。但樂意接待遠人還有其他的作用：允許他人來看你的家庭是如何實際運作的。

當他人到你家吃飯的時候，他們會看到什麼？當然，他們看到的並不是一個毫無瑕疵的家庭。但你的客人是否能察覺出，你和妻子說話的語氣和身體語言是否帶著暖意和互相尊重？你和兒女之間是否也是這樣？他們是否看到兒女順服你，你的孩子不順服時，你是否做出了合宜的回應？如果你的家是一個教會，來吃飯的客人是否願意再次拜訪？

第五，你是一位男性

講到現在，事情應當很明顯了，但請讓我明確地說：神呼召了男性，並且只有男性才能擔任教會長老。[3]請思考一些觀察：

---

[3] 我知道這是一個極富爭議的問題，不幸的是，我只能簡要地指出一些支持我觀點的論點。請參考古德恩的這本著作：Wayne Grudem, *Evangelical Feminism and Biblical Truth: An Analysis of More than 100 Disputed Questions* (Colorado Springs, CO: Multnomah, 2004)，這本書詳細地分析了相關的經文和問題。

- 正如我們已經看到的，保羅在不同的上下文中兩次說過，一位監督必須只作一個婦人的丈夫。

- 在討論監督之前，保羅就說過：「我不許女人講道，也不許她轄管男人。」（提前2:12）從直接的上下文來看，這節經文至少必須適用在監督的角色上，而監督的角色在根本上是通過教導和行使權柄體現出來的。

- 保羅把帶領教會與帶領家庭聯繫在了一起。正如神已經呼召男性在婚姻和教養兒女方面做帶領（參見弗5:22-6:4），同樣祂呼召男人在教會這個家庭中做帶領。

這是否意味著婦女絕不可做教導或牧養的工作，不可直接指出人的罪，或不必有敬虔的榜樣？當然不是。你可能會想到神已經怎樣使用了敬虔的婦女來牧養和塑造你，就像我一樣。但長老的職分不僅是一種恩賜，還是一種事工。**長老**描述的是一個具體的職分，由神所命定的角色，在一個地方教會組織結構中是一個獨特的位置，正如**父親**處在獨特的、神所指定的家庭中的位置上一樣。就像父親的角色一樣，神有至高的主權呼召有資格的**男性**來擔任長老。

第六，你是一個堅定的信徒

保羅警告說，不要讓剛剛信主的基督徒擔任長老：「初入教的不可作監督，恐怕他自高自大，就落在魔鬼所受的刑

罰裏。」（提前3:6）

　　有時剛剛得救的基督徒讓我們驚奇不已，他們在靈裏充滿熱情，改變迅速，傳福音時毫無懼怕。但要慢慢來，不要讓這一位剛剛信主、充滿活力的基督徒很快擔任長老職分，因為他還有極大的成長空間和考驗。**長老**一詞意味著智慧和經驗，這是一位剛剛信主的人所缺乏的。

　　如果你是一個最近悔改歸主的人，請把你的關注放在更深地在基督裏紮根這件事情上。警惕靈裏的驕傲，事實上，讓我們退一步，以確保你是真正悔改歸主了。不要想當然！你是否已經為你的罪悔改，並信靠耶穌赦免你的罪？你是否相信唯有耶穌的死和復活能救你脫離地獄，使你與神和好？你重生了嗎？沒有什麼比設立未悔改歸主的牧師和長老更能毀壞教會了。一個人如果連基督徒都不是，又如何能擔任耶穌手下的牧者，反映出耶穌的品格？

　　我們教會是在年度會議上選舉長老的。在大會上我們邀請長老候選人講述他們是如何悔改並相信耶穌的。被提名的人常常是我們已經認識多年，或之前曾作為長老服侍過的人。但教會需要聽到這些人再次承認對耶穌的信仰。我不能確定我們教會是在什麼時候開始這種做法的，但我希望我們永遠不要停止。

這個人是你嗎？

我要你現在就做一件事。在進入下一章之前，請你讀一下《提摩太前書》3章1至7節。請大聲讀出來。我是非常認真的。如果有需要，你可以去一個僻靜的地方，大聲地把這段經文讀出來：

> 「人若想要得監督的職分，就是羨慕善工。」這話是可信的。作監督的，必須無可指責，只作一個婦人的丈夫，有節制，自守，端正，樂意接待遠人，善於教導；不因酒滋事，不打人，只要溫和，不爭競，不貪財，好好管理自己的家，使兒女凡事端莊順服。人若不知道管理自己的家，焉能照管神的教會呢？初入教的不可作監督，恐怕他自高自大，就落在魔鬼所受的刑罰裏。監督也必須在教外有好名聲，恐怕被人毀謗，落在魔鬼的網羅裏。

這就是我當時接受察驗準備進入教牧團隊時，一個人要求我做的事。於是我打開聖經，對那個人和房間中的其他人大聲朗讀了《提摩太前書》3章1至7節。我讀完後，這個人對我說：「謝謝你讀了這一段經文。我只有一個問題：這個人是你嗎？」然後他就坐下了。

　　如果我們想要帶領耶穌的教會，我們就必須像耶穌一樣
活出所有這些特徵。在即將成為耶穌手下的牧者之人的生命
中，羊應當能察覺到那位牧長明顯的品格特徵。所以，基於
你剛剛讀過的對長老的描述，我是否可以問你，「這個人是
你嗎？」

第二章

聞起來有羊的氣味

「這個教會就像是你的生意，你負責銷售，而神就是銷售的產品。」在聚會結束後，當我們站在門廊，一位首次來教會的人對我說了這番話。（我覺得要是能把在講道之後，在大廳後面與人進行的所有這些古怪談話都記錄下來就好了！）

我回答說：「不是的，其實並不是這樣的。」

這個人只是想根據他自己的經驗來理解教會。他顯然對商界和銷售比較熟悉，所以就根據他所知道的來解釋教會。

不幸的是，並非只有剛剛來教會的新人才會犯這種錯誤。牧師、長老和會眾常常從商界和組織的角度來錯誤地解釋教會。

當然，教會也有商業的一面。教會常常使用財務人員和預算，有雇員和人事政策，設施和保險，工作流程表和目標，章程和委員會。這些都是會眾生活的一部分，需要為神榮耀的緣故而好好地加以管理。一個地方教會是一個有組織的有機體。

但是當這些像商業一樣的元素成為為會眾制訂的綜合商

業模式的一部分，而會眾又忽略聖經的教導時，問題就出現了。情況看起來可能會是這樣：

- 牧師 = 總裁/CEO
- 同工 = 副總裁
- 會眾 = 股東/老客戶
- 訪客 = 潛在客戶

長老們的角色又是怎樣的呢？
- 長老會 = 董事會

按照這種模式，長老的工作職責與董事會成員的工作性質相似。他們雇請牧師來做帶領侍奉的工作，然後長老們開董事會，評估事工，審查財務狀況，制定政策。牧師提出新的動議，等待長老們批准或拒絕。牧師開展事工，長老們指揮。

但這種長老模式沒有結合一個關鍵性的聖經真理：長老也是牧師。

長老 = 牧師

不知不覺我們已經在牧師和長老之間做了區別，在受薪

的全職同工和非受薪的董事之間做了區別。但新約聖經並沒有做這樣的區別。

到底什麼是牧師？希臘文「*poimen*」一詞，我們把牠翻譯為「牧師」，意思是「牧羊人」。「*poimen*」可以指按字面意思理解的牧羊人，就像《路加福音》講述聖誕故事時那些在田野裏的牧羊人。但更多時候，「*poimen*」指的是耶穌，我們的好牧人。還有一個與之相關的動詞「*poimaino*」，意思是「進行牧養」或「看顧羊群」。所以一位牧師是一個牧羊人，牧養意味著看顧羊群。那麼英文「牧師」（pastor）一詞源自於拉丁文「*pastor*」，意思就是牧羊人，也就不會令人感到驚奇了！

這部分至關重要：新約聖經將「牧羊人」這些名詞和動詞的形式，以及更廣泛的牧養意象，用來描述**長老和他們的工作**。請看下列經文，我已經用斜體標示出原文是「*poimaino*」和「*poimen*」的部分。

保羅警告以弗所教會的長老說：

> 聖靈立你們作全羣的監督，你們就當為自己謹慎，也為全羣謹慎，**牧養**神的教會，就是他用自己血所買來的。（徒 20:28）

類似地，彼得寫道：

> 我這作長老、作基督受苦的見證、同享後來所要顯現之榮耀的，勸你們中間與我同作長老的人：務要**牧養**在你們中間神的羣羊，按著神旨意照管他們；不是出於勉強，乃是出於甘心；也不是因為貪財，乃是出於樂意；也不是轄制所託付你們的，乃是作羣羊的榜樣。到了**牧長**顯現的時候，你們必得那永不衰殘的榮耀冠冕。(彼前 5:1-4)

彼得的話讓人想起耶穌復活後對他說的話：「你餵養我的小羊」和「你**牧養**我的羊」。（約21:15、16）

耶穌賜給祂教會的職分恩賜又有哪些呢？保羅列舉出有使徒、先知、傳福音的，然後是「**牧師**和教師」。希臘文的文法很清楚地表明，這裏的「牧師」和「教師」是並列的，描述的是同一個職分或角色。因此，教會的牧師或牧者，也是教會的教師。正如我們已經看到的，教導是長老職分的核心工作。

貨真價實

我有一位朋友曾擔任平信徒長老，他對我說：「做一

位長老，其中最難的一件事，就是相信自己是一名**真正的牧師**。」但聖經講得再清楚不過了。如果你在你的教會中擔任長老，你就是一名真正的牧師，就像受薪的全職牧師一樣。

也許你還心存疑惑。那些「特別的」人，作為受薪牧師而服侍，這是他們的職業；還有那些「一般的」人，有其他的工作，但自願擔任長老。他們之間難道沒有任何區別嗎？是的，有區別。例如，受薪牧師常常受過更多正式的神學教育，每周有更多的時間來服侍，因此在牧養、教會侍奉和教導方面更有經驗。也有可能（雖然情況不一定就是這樣），受薪的牧師在牧養或傳道方面更有恩賜，這也是教會聘請他們全時間服侍的原因。

對於一位受薪牧師來說，他可能更容易隨傳隨到，他接受了更多的教育，或更有恩賜，但按邏輯（或按聖經）來說，這些卻並不必然意味著一位平信徒長老不是一位真正的牧師。志願消防員和受薪消防員一樣面對著同樣的火焰，身為自願者的長老和擔任職員的牧師面對著同樣的牧養挑戰。平信徒長老可能將職業牧師尊為「同儕中的首位」，[1]但平信徒長老與牧師之間依然是同儕的關係。

---

① 關於這個概念更有益的討論，請參見 Alexander Strauch, *Biblical Eldership: An Urgent Call to Restore Biblical Church Leadership* (Littleton, CO: Lewis and Roth, 1995), 45–50.

革命性的模式

鑒於這一切，如果我們要概括一位長老的工作職責，可以簡單地說：「牧養群羊」。如果你讀了本書之後只記得一件事，那麼就請你記住，長老是牧師/牧羊人，他們核心的工作，就是看顧教會成員，就像牧羊人看顧他們的羊一樣。更準確地說，長老是在那位好牧人的手下擔任牧者，帶領祂的羊，以此來服侍祂。

那麼，「牧養」涉及到什麼呢？在實際行動中是怎樣的呢？接下來我們要探討牧養的不同層面，例如教導、帶領和禱告。

但在我們考察牧養任務「如何做」的實際問題之前，我們需要探索長老就是牧者這個模式帶來的兩個重要意義。真正堅信長老就是牧師，而不僅僅是非營利機構的董事，這至少可以在兩大方面革命性地改變我們的長老侍奉。

聞起來有羊的氣味

長老就是牧師這個模式所帶來的第一個革命性的含義，就是長老要**與教會成員建立關係**。

稍停片刻，想象一下一位實際的牧羊人。也許你曾親眼見過，或在電影裏見過一位牧羊人在鄉下是怎樣幹活的。

也許你從未見過牧羊人，但在聖經中已經讀了很多關於牧羊人的描寫，你能在頭腦裏描繪出一幅畫面。你看到了什麼？你是否能想象出一位愛爾蘭農夫領著他的羊群走過青翠的草地？也許你想象著一位穿著長袍的貝都因人，口裏發著「噓」聲，用杖把一頭羊羔趕進臨時用石頭搭建的羊圈中。或者你可以背誦《詩篇》23篇，想象一位牧者讓羊躺臥在青草地上，在可安歇的水邊暢飲。

　　不管我們如何想象，我們頭腦裏的畫面很可能至少有一個共同點。在所有的畫面中，牧羊人都在羊群**當中**。他並沒有離開羊群去了別的地方。他行走在羊群當中，接觸牠們，對牠們說話。他瞭解牠們，因為他與牠們生活在一起。結果，他身上聞起來甚至有羊的氣味。

　　也許，我們不必在腦海裏想象實際的牧羊人，只需要想一想耶穌。我們在福音書中發現，耶穌總是在人群**當中**。除了私下禱告的時間外，耶穌似乎把所有的時間都花在了眾人和門徒身上。無論走到哪里，祂都接觸、教導、訓練人們。這位好牧人不僅為羊捨命，而且還與他們一同度過一生。

　　正如實際的牧羊人生活在他們的羊群當中，認識他們的羊，正如耶穌讓自己沉浸在與門徒的**關係**中，同樣，長老也與教會成員分享自己的生命。他們將人看作是自己的事工。接下來的幾章將講述長老職分的各部分，但所有

這一切都是以長老與弟兄姊妹生活在親密的關係中為基礎的。

讓我們現在來看一個例子：樂意接待人。就像我們在上一章中所看到的，保羅列出的兩份監督資格清單都要求，羨慕這職分的人必須樂意接待人（參見提前3:2；多1:8）。為什麼要強調樂意接待人？樂意接待人，不僅體現出這個人有慷慨的內心和僕人的態度，也表明這位渴望做監督的人想要與人在一起，想方設法歡迎他人進入他的生活。一個樂意接待的人，如果教會設立他擔任長老，他很有可能會期望自己融入他人的生活。

與之形成對比的是，按照長老是董事會成員這種模式運作的監督，並不需要與他人在一起。他們只是參加每月的例會，參與會議辯論、投票，然後回家，就覺得自己已經盡責。當這種模式佔據主導地位時，長老並不需要糾結該與一位因十四個月找不到工作而灰心喪氣的教會成員說些什麼，或與一位在與試探爭戰、重新吸食海洛因的弟兄說些什麼，或與一位已經和一個不信的人建立親密的約會關係而看不到這有任何問題的姊妹說些什麼。長老們會想：「我們不是已經聘請了一位牧師來處理這些麻煩事了嗎？」

你可能確實呼召了一位牧師，他也一心想要肩負起這一

切的責任。但如果你是一位平信徒長老，現在是時候與受薪同工一起步入羊群中，親自參與牧養工作且用心擺上了。

這份工作，你找錯人了！

這種關於人和工作的事，聽起來是不是讓你感到害怕？

也許你在想：「我不善於和人打交道，我更善於和數字、電腦或電動工具打交道。我是一個內向的人。我做過人格測試，證明了這一點。老實說，我是一個很古怪的人。」

你並不需要成為一個外向的人或喜歡開派對的人才能與你的教會成員建立聯繫。你只需要愛他們。採取主動，在開始聚會之前，與那位安靜不出聲的年老寡婦打開話匣子；邀請一對有困擾的夫婦來你家吃飯；或舉辦查經聚會，邀請一些與他人關係不太密切的成員參加。如果人們看到真正的愛和關心，他們是知道的，哪怕大家都有點羞澀或尷尬。愛能跨越各種各樣的障礙。

也許講到在教會成員中開展教牧事工時，你還是有些猶豫。也許你害怕插手別人的問題後無法抽身，嘗試幫助卻因做法不當而讓事情變得更糟。你並沒有輔導專業的學位，也沒有接受過神學院的培訓。你是誰，竟要開始扮演牧師的角色？

讓我把話講清楚，我並不是在暗示，任何只要是羨慕做長老的人都是合格的。我說的是，合格的人不應因為懼怕無法解決會眾生活中的各樣問題而不去善用自己的能力。

關於關懷遇到重大難題的會眾，以下是我一些簡單的想法：

- 神在祂的話語中設立了長老，祂會負責的。
- 耶穌能藉著你做工。
- 牧養工作首要的並不是解決人所面對的問題（我在後面會更多地說明這一點）。
- 你可能有自己意想不到的合乎聖經的智慧，可以與他人分享。
- 你總是可以向耶穌和他人求助。

慢慢過渡

大約三十年前，我所服侍的那家浸信會呼召了一位長老會人士擔任教會的主任牧師。他是一位在釋經講道方面很有恩賜的人，吸引了大批聽眾，用福音影響了許多人的生命。但他還做了別的事，在他離開教會多年後，仍繼續祝福著我們的教會：他帶領我們的會眾採用了一種長老治理的模

式。

　　我來這家教會的時候，已經有任期超過十年的長老。但隨著我們更認真地學習聖經對長老資格的教導，情況就變得很清楚了：我們的這些長老工作有些失衡。我們把主要的精力用在了像機構董事一樣的工作上，而用在牧養人方面的精力卻少得多。所以我們開始慢慢地轉變，把更多的關注放在牧養上。我們仍然每月開會，仍然做董事會做的那些事。再說一次，這也是長老職責和教會生活的一部分，但我們還一直在嘗試把更多的時間投入在教會成員的身上。

　　例如，在一年多前，我們這些長老們分工，按照人數日益增多的教會成員名單，每個人負責一些，並定下目標，一年之內至少與名單上的每個成員聯繫一次。這是小小的一步，幾乎是補救的做法。但即使這小小的一步也立刻產生了果效。教會成員的反應不僅是讚賞，並且他們也變得更願意對長老們敞開他們的生命。長老們發現這種教牧服侍充滿了挑戰，但也帶來了極大的恩賜。另外，這樣我就有了一個更大的團隊，來幫助我背負牧養一個不斷增長的教會的重擔，於是我就得到了釋放。

　　我們要走的路還很漫長，但我們的長老們聞起來越來越有羊的氣味了。

目標是什麼？

讓我們來回顧一下：長老是牧師，或「牧者」。牧養的比喻對長老的事工有著重大的意義。首先，這提醒我們，長老的工作首要的是與教會成員建立**關係**。做長老的工作，更多的是關注人，而不是項目。

但牧養的畫面不僅告訴我們長老的工作應在**哪里**進行（就是在各樣的關係中），也告訴我們**為什麼**要這樣工作。長老為什麼要與教會成員在一起，與他們分享生命？他們努力要做成什麼事？這樣做的目的僅僅是為了給教會一種更友善，更像家庭的氛圍嗎？

這是牧養模式第二個革命性的含義：長老服侍的目標，就是為了**讓教會成員成長為成熟的基督徒**。

請再次在你的頭腦中描繪出牧羊人的畫面。想象他正在羊群中做他每天的工作：餵養群羊，帶領牠們走過山穀，保護牠們免受野獸攻擊，照料腿部受感染的羊，或者找尋一頭迷失的母羊。牧羊人為什麼要做這些事？他的目的或目標是什麼？就是讓羊能夠成熟起來。牧羊人日復一日地勞苦工作，為的是培養出健康、成熟，能繁育後代的羊。

長老們豈不是也有類似的目標嗎？長老努力與教會成員建立關係，為的是幫助他們在耶穌裏成長。監督教導、禱告和服侍，好使他們的弟兄姊妹可以更多認識耶穌，更忠心

地順服他，更清晰地反映出他的品格，無論是作為個體，還是作為教會家庭。此外，健康、成熟的信徒在與他人分享福音、幫助他人在基督裏長進時，自己也在靈命方面有成長。

保羅明確地指出，成熟是教牧侍奉的目標：

> 他所賜的，有使徒，有先知，有傳福音的，有牧師和教師，為要成全聖徒，各盡其職，建立基督的身體，直等到我們眾人在真道上同歸於一，認識神的兒子，得以長大成人，滿有基督長成的身量。
>
> （弗4:11-13）

長老忠心盡本分時，信徒就「不再作小孩子」，而是「凡事長進，連於元首基督」（14-15節）。長老們應努力與保羅一道說：「我們傳揚他，是用諸般的智慧，勸戒各人，教導各人，要把各人在基督裏完完全全地引到神面前。」（西1:28）

管理機器

請再一次將這種牧養心態與長老是董事的模式作對比。當長老看自己是董事會成員時，他們會把自己的事工

目標看作是管理教會組織。「成功」很可能意味著保持收支有盈餘、設施得到維護，或舉辦高質量、有許多人參與的專案和活動。作為董事的長老會受到一種試探，就是強調管理機器的運作多於讓教會成員變得成熟。

我們已經注意到，一個教會的組織架構——預算、流程、專案、設施和人員——**確實**很重要。有效的行政管理作為一種侍奉，其本身就是一種屬靈的恩賜，能服侍全教會這個身體，讓長老專心牧養。稍微考慮一下組織方面的問題，就讓舊約聖經中的摩西得到能力，讓新約聖經的使徒得以成就神對他們的呼召，也讓神的百姓因此得到了祝福（參見出18:13-27；徒6:1-7）。長老既是注重關係的牧者，同時也肩負著監管整個教會組織架構的責任。

但關鍵在於：組織必須始終服務於有機體。專案和流程充其量只是提供了工具，為要成就讓彼此在基督裏成熟的使命。

我的經驗是，長老很容易被機器和葡萄架而不是成員和葡萄樹所吸引，[2]他們會更多地談論和關注調度後勤的工

---

[2] 見 Colin Marshall and Tony Payne, *The Trellis and the Vine: The Ministry Mind-Shift That Changes Everything* (Kingsford, NSW, Australia: Matthias Media, 2009). 中譯本參考：《枝與架》，馬提亞事工，2009 年版。

作，而不是努力地培養會眾。我並不完全知道情況為什麼會這樣，也許是因為項目和政策是可管理的事，可以計劃安排和實現，而幫助人在基督裏成長的工作是艱難的、不連續的和過程緩慢的。事實上，牧養人這一項任務，是我們今生絕不可能完全成就也無法控制的。

　　長老必須避免變成僅僅是組織管理者的做法，而是要讓教會的指南針總是指向在耶穌裏的成熟。為了協助你做到這一點，在你下一次開長老會議時，提一兩個這樣的問題供大家討論：

- 我們的會眾在哪些方面最能反映出耶穌的樣式？在哪些方面卻不能？
- 教會中是否有尚未解決的衝突，需要我們這些長老努力嘗試去促成和解的？
- 我們是否知道有任何教會成員步入歧途公然犯罪，或只是走上偏路離開了教會固定的團契？有誰正在和他們談這些問題？
- 在未來的一年裏，我們的教會成員需要學習哪些聖經書卷或神學教義？為什麼？
- 我們的教會成員是否知道該如何傳福音，以及對他人門訓？他們是否正在做這樣的事？

• 我們是一個禱告的教會嗎？

把接力棒傳遞下去

耶穌離開世界升天的時候，向跟從他的人發出了最後的指示：

> 所以，你們要去，使萬民作我的門徒，奉父、子、聖靈的名給他們施洗。凡我所吩咐你們的，都教訓他們遵守。（太 28:19-20）

耶穌讓門徒去做祂在過去幾年一直在做的事。祂曾召聚門徒，把他們分別出來，教訓他們遵守祂的誡命，以此使他們成長。這位好牧人不僅為這些羊捨命，而且住在他們中間，叫他們回轉，作主的門徒，就是那些愛祂、順服祂，並把祂的福音告訴他人的人。

現在耶穌差遣這些門徒出去，讓他們帶領其他人做門徒。眾使徒要接過耶穌牧養的接力棒，呼召更多的人來跟從基督，召聚他們進入教會，通過教導幫助他們成長。

眾使徒建立起這些由門徒組成的地方教會後，他們也把建立關係、注重成熟的牧養工作的接力棒傳遞了下去。他們

把這接力棒傳給了誰？

　　就是教會的長老！

第三章

用神的話語來餵養

我想當時長老們非常震驚。

我們正聚集在一起，召開每年一度的長老退修會，討論來年的目標，以及回顧聖經對監督工作性質的教導。當談到教導這個主題時，我提出了一個挑戰：「在今年的某個時候，我想讓兩位長老在星期日早上的聚會中講道。」

雖然有些教會是平信徒長老講道，但我們教會一直以來會把主日早上的講道留給受薪的全職牧師。只有在極其緊急的情況下，平信徒長老才講道。因此，當長老們聽到我的挑戰時，他們睜大眼睛、面面相覷並發出緊張的吃吃笑聲，也就不讓人感到奇怪了。

但我並不是提出過分的要求，只是想推動他們來面對聖經對他們的呼召，去教導神的話語。如果長老牧養耶穌的羊，那麼他們最基本的任務就是用聖經去餵養教會成員的靈魂。沒有食物，羊就會虛弱和死亡；沒有定期教導聖經餵養群羊，基督徒就會在靈裏挨餓。

在地方教會裏，也許教導比任何其他任務都更能將長老

從眾人中分別出來。我們在第一章中曾經看到，合格的長老必須善於教導（提前3:2）。值得注意的是，保羅在《提摩太前書》3章中列出的長老和執事的資格清單相當類似，除了一個明顯的不同點：長老必須善於教導神的話語，而對執事並沒有這樣的要求。長老和執事都需要有基督一樣的品格，但長老則必須展現出解釋和應用聖經的能力。

在第二章中，我們認真思想了長老就是牧師或牧者這一事實。當保羅列舉耶穌賜給教會的各種職分時，他將牧養和教導緊密地聯繫在一起：「他所賜的，有使徒，有先知，有傳福音的，有牧師和教師。」（弗4:11）

請留意兩件事。第一，所有擔當這些職分的人都傳達了神的話語。眾使徒是見證人，傳揚耶穌的言行，並把這些寫成聖經。眾先知傳遞由主直接說的話。傳福音的人宣告福音。同樣，牧師也教導地方教會。這帶來了第二個觀察：在11節中，**牧師**和**教師**是並列的。在希臘語中，一個定冠詞支配兩個名詞，表明這兩個名詞互相修飾。因此「牧師和教師」並不是指兩個職分，而是一個職分，即「牧師-教師」的職分。

神用祂的話語來治理

神要求長老來教導祂的百姓，這個事實不應令我們感到

吃驚。神使用祂的話語來治理百姓，因此神總是把傳遞祂話語的任務託付給祂百姓的領袖。

神把祂的應許告訴亞伯拉罕、以撒和雅各，他們又轉過來帶領各支派信靠那些應許，順服神的命令。神把立約的話賜給摩西，摩西又將這些話語教導給以色列（申4:1）。摩西命令以色列做父親的要牧養他們的兒女，教導他們律法（申4:9，6:4-25）；神再次向教會中信靠神的父親們發出這個命令（弗6:4）。以色列的祭司不僅要獻上祭物，也要教導百姓神的律例（利10:10-11；代下15:3，17:7-9）。神差遣先知宣告「耶和華如此說」，以此來指引和糾正祂的百姓。就連以色列的君王，神也要求他們認真學習神的律法（申17:18-20）。

然後是耶穌。我們的這位好牧人，祂首先和最重要的身分是做一位大能的傳道者。當祂看到眾人時，「就憐憫他們，因為他們如同羊沒有牧人一般」。祂做了什麼來滿足他們對一位牧者的需要呢？「於是開口教訓他們許多道理。」（可6:34）四福音書中充滿了耶穌所講的比喻、解釋、勸勉和對話。耶穌是那成為肉身的道（約1:1、14），祂應驗了舊約聖經所有的話語（太5:17；路24:25-27、44-47），並在祂的整個公開事工期間常常宣講神的話語。

耶穌復活後，把他教導和宣講的事工交給了使徒（太

28:19-20）。正如耶穌的教導在四福音書中隨處可見，眾使徒的教導也在《使徒行傳》和書信中隨處可見。當使徒通過講道使人做門徒，並將這些門徒召聚到教會時，他們為每一個教會設立了長老，並把使徒的教訓託付給他們（徒14:23）。

停下來想想，必然會發出驚歎。耶穌仍然活著！祂在天上做王，治理你所在的教會。並且他透過聖經，在你所在的教會行使君王的權柄。如今，耶穌的子民通過順服聖經的話來順服祂。因此，如果你是一位長老，當你忠心教導神的話語時，耶穌就是在透過你的教導來行使他對臣民至高無上的主權。

參與教導

那麼從實際的層面來說，這對長老意味著什麼？這對長老的工作性質有什麼暗示？我相信有兩方面的含意。第一個應當是很明顯的：長老必須參與教會的教導事工。如果你是一位長老，你就要在解經上勤下功夫。

然而，長老經常逃避教導的事工。就連合格的、善於教導的長老也會在有機會教導時退卻。出現這種情況的原因有很多，最常見的就是出於一種無力感。有時平信徒長老會將

自己的恩賜能力、教導經驗和神學訓練與他們受薪的全職牧師作比較，這讓他們感到沮喪。他們想：「既然我們的團隊裏有專業人士，教會成員為什麼還要聽一位像我這樣的業餘人士講道？」另外，平信徒監督經常在教會以外還要長時間的工作，因此沒有很多的時間來預備講道。誰會想要用半生不熟的食物來餵養羊群呢？

但如果你是一位長老，你**就是**一位教師。所以，不要讓這些恐懼和挫敗感攔阻你，讓你無法教導。而是要鼓起勇氣，發揮你最大的能力，盡力地運用資源，實踐你的呼召。你要因可以在各種各樣的場所進行教導而受到鼓勵。

教導並不局限於主日早上的講道。無論是在大型聚會中還是在人數較少的親密環境中，長老都能餵養群羊。你可以照著聖經在主日學、家庭查經小組、兒童假期聖經學校或一對一的輔導關係中教導。請留心教會中任何需要教導的地方，然後挺身相助。

我們的會眾中有一小群人來自柬埔寨。在1981年到1982年間，我們教會有人在柬埔寨難民危機期間贊助他們來到美國。這些難民中的許多人信了主，成為教會成員。教會為他們開設主日學，用柬埔寨的高棉語進行教導。在過往的幾年，我看著長老們通過翻譯在主日學來教導他們，就深受感動。眾長老看到了這個需要，就跨越文化和語言的障礙，來

餵養這一群羊。

你還要因教導的恩賜能力和形式各不相同而受到鼓勵。即使你缺乏讓全體會眾專注聽你講道45分鐘的能力，也並不意味著你要放棄教導的呼召。不要再做那些沒用的比較了，好好想想如何使用神已經賦予你的恩賜、生活經歷和個性吧！

我所在的教會，有一位叫邁克的成員，他極有憐憫，多年來他對被罪惡的癮症所奴役而心碎的人很有負擔，這主要是因為耶穌已經救他脫離了罪和癮症的權勢。所以他開始了關於「成癮」的聖經學習。沒錯，就是查經。邁克並沒有使用一套戒癮的課程，他只是教導聖經。但他的生活經歷和憐憫使他能用與我固定在主日講道不同的方式，讓那些和癮症抗爭的人與他產生共鳴。邁克甚至不是一位長老，但他的例子讓人看到，神如何使用我們不同的人生經歷來教導祂的話語。

最後，令人鼓舞的是，教導聖經的人能不斷長進。每一位長老都應該聽從保羅對提摩太的教導：

> 你要以宣讀、勸勉、教導為念，直等到我來。你不要輕忽所得的恩賜，就是從前藉著預言、在眾長老按手的時候賜給你的。這些事你要殷勤去

做，並要在此專心，使眾人看出你的長進來。(提前 4:13-15)

神將祂的教師呼召出來，要讓人看出他有長進，而不是完美。不要將自己與其他教師作比較，而是要將你的教導與去年或五年前的教導作比較，看自己有什麼長進的地方。當我們殷勤地去做這些事（就是「宣讀、勸勉、教導」），在這些事上「專心」時，就必然會有長進。

所以要抓住教導的機會，給自己加一把勁。如果在你的教會中有一些人受過神學訓練，請他們推薦一些書，來填補你知識上的欠缺。請其他教師和長老聽你講課，並給你反饋意見。

如果在你教會中固定講道的牧師問你是否想在一個主日早上講道，請你勇敢地回答說「願意！」

持守正確的教導

長老的教導工作還有第二個層面。一位監督不僅要參與教導，他還必須保護教會免受假教師的教導。他必須在教導教義方面既有進攻也有防守，「堅守所教真實的道理，就能將純正的教訓勸化人，又能把爭辨的人駁倒了。」(多1:9)

　　掠食動物會獵殺羊。就像牧羊人防備獅子和狼，同樣，長老也必須防備假教師。保羅這樣警告以弗所教會的長老：

> 我知道，我去之後必有兇暴的豺狼進入你們中間，不愛惜羊群。就是你們中間，也必有人起來說悖謬的話，要引誘門徒跟從他們。所以你們應當警醒，記念我三年之久晝夜不住地流淚、勸戒你們各人。（徒 20:29-31）

　　保羅一定特別關注在以弗所出現的假教導，因為在寫給教會的信中，他再次強調教導事工的重要性，好使信徒能夠成長，並抵擋虛假教義的壓力和誘惑。當純正的教導發揮作用時，「我們不再作小孩子，中了人的詭計和欺騙的法術，被一切異教之風搖動，飄來飄去，就隨從各樣的異端。」（弗4:14）

持續守望的策略

　　對假教師的教導需要保持警惕。長老需要警惕那些可能扭曲福音或曲解聖經的人或觀念。以下是為你的群羊持續守

望的三種策略：

瞭解你的處境

從研究你的屬靈環境出發，熟悉你所在社區的特定理念、哲學和宗教。你的會眾是否經常接觸其他主要的宗教信仰？你的城市是否盛行某種邪教？要警惕這些群體的主要教導，特別是他們與福音和聖經真理相違背的方面。有哪些「主義」流行？世俗主義、個人主義、理性主義和相對主義的理念是否影響了你所在地方的人的思維？到你教會來的本地人也會帶來這些不同的信念，並根據這些主義行事為人，甚至連他們自己也察覺不到。所以，你在教導和與人交談中要警惕這些世界觀。

要特別留意你附近的教會，甚至你自己所在的教會，流行著哪些扭曲福音的現象，可能任何是從成功神學到開放神論（open theism），從律法主義到自由主義神學的事情。在本地富有人格魅力的人是否在拉攏人來相信膚淺的福音或假福音的教導？所有這些教導都會傷害你的羊群。

監督成為教會成員的流程

當你像雷達一樣掃描本地基本情況的時候，別忘記為羊圈的前門警醒守望。哪些人加入了你的教會？新成員是否知道教會所教導的內容？他們認同嗎？你確定嗎？

刻意安排的加入教會成為成員的流程，可以在很大程度上保護教會免受虛假教導的傷害。想要成為教會成員的人，應當先聆聽教會的信仰聲明，然後再加入。在過往的幾年間，我與幾位長老同僚已經認識到，我們教會的神學觀點中有些地方要比其他地方更讓一些人心裏不舒服，例如包括唯獨信徒受洗的要求、改革宗神學立場，以及只有男性才能擔任長老等。因此我們刻意在教會成員課程一開始的時候，就講述這些有爭議性的地方。如果有些人因著這些爭議而放棄了教會成員的身分，離開了教會，那麼從長遠來說，我們這樣做是對他們表現出了善意。

對那些希望成為成員的人，你也需要瞭解他們所信的是什麼。請考慮由長老來與這些想要成為教會成員的人進行面談。直接問他們是否理解和認同教會的教義立場。一些教會甚至要求新成員簽署教會的信仰聲明，表示認同教會的神學立場。

其實不言而喻的就是（無論如何，我還要再說一次）：絕不要讓非教會成員在你的團契中擔任定期教導的工作。

審查你的事工

你是否知道教會目前正在教導的內容？可以以長老的身分旁聽年輕人的談話或坐在姊妹聚會場地的後面，也可以在主日學幫幾次忙。你的會眾正在領受哪一種靈糧？是純正的

福音資訊還是神學方面的陳詞濫調？帶著分辨的心留意聽會眾敬拜的音樂，這些歌在教導關於神、福音和拯救的哪些資訊？教會的唱詩是在支持還是在顛覆你所教導的教義？

在會眾當中展開這類觀察。好的牧養，就是長老去找會眾，聆聽他們的心聲。他們在讀什麼書？他們在網上追隨某些傳道人嗎？如果教會成員正在興奮地傳閱一本書，那麼你應當讀一下這本書。

如果你發現一位查經班帶領人，一位主日學老師或一位講話很有說服力的人正在歪曲純正的教義，就要直接找這人談話。不要讓局面惡化。你若不幹預，事情並不會自動變好。使徒們針對假師傅發出了最嚴厲的警告（彼後2；約貳7-11；猶5-11），而耶穌對縱容假師傅的教會發出了嚴厲的警告（啟2:14-16、20-23）。

分辨出那真實的

長老在保守教會免於虛假教導的方面所能做的最重要的事，也許就是分辨真正的聖經真理。長老「堅守所教真實的道理」，就「能把爭辯的人駁倒了」（多1:9）。異端的教導和半真半假的教訓到處都是，但真理只有一個。你越明白聖經，就越能察覺出哪怕是最狡猾的虛假教導。

從前有一個教會，其領袖覺得牧師的教導已經偏離了福音。這位牧師比這些教會領袖更聰明，受過更多的教育，似乎也能根據聖經來證明自己的立場。儘管他有高超的學問以及流利的口才，但他的新教導並不能說服教會的領袖。雖然領袖們並不能在爭辯中說服牧師，甚至不能非常精准地指出牧師在哪裏出了問題，但他們認出這並不是他們過去所知道的忠於聖經的信息。他們直接與這位牧師對質，後者最終離開了這個教會。

保護教會的教導並不一定需要神學院的學位，但確實需要勇氣和信心。

讓教導延續下去

本章旨在呼籲長老參與教導並保護純正的教訓。也許你正在做這些事情。實際上你可能是一位了不起的教師，善於把最複雜的神學問題講得深入淺出，能防範最狡猾的假師傅。雖然如此，你的教導事工仍然要面對一個主要的問題：有一天你會死去。

靠著神的恩典，你死後會留下許多受過很好教導的基督徒，但你是否也在身後留下了成熟的教師來繼續教導的工作？換言之，你是否已經採取步驟來訓練他人？訓練將來的

牧師-教師是教導教會工作的一部分。正如保羅對提摩太所說：「你在許多見證人面前聽見我所教訓的，也要交託那忠心能教導別人的人。」（提後2:2）

你是否留意到，教會中另外有人似乎有當教師或長老的潛質？請考慮與他定期會面，一起讀神學書籍或查考聖經。或把他當成一個門徒，帶他參加你家裏的查經小組或你服侍的主日學。讓他看到你預備一門課程的全過程，嘗試讓他來教導，然後給他反饋。重複這個過程。

奮力向前

凱文是接受我的挑戰要在主日早上講道的長老之一。在同意接受這項任務之後不久，他告訴我，他越來越有負擔去接觸他所在城鎮的人，思想神是否一直呼召他在鎮上建立一個教會。凱文在鎮上的一所高中教書，是田徑和足球隊教練。他認識社區中數以百計的人。這真是幫助帶領植堂的理想人選！他可以在主日早上講道的想法為這個夢想注入了新的生命。

今天，凱文正在我們教會專注於見習講道人的工作，他正在參加由西緬基金會主辦的網上課程，學習釋經講道，並有機會參與教導，接受反饋意見。我並不完全清楚接下來的

每一步植堂是否會有結果。這全然在神的手中， 但我確實
看到一位長老，正在回應做教導的呼召，並不斷進步，敢於
為福音的緣故而有偉大的夢想。

第四章

把走散的人找回來

一位教會成員不再參加主日早上的聚會了，這在教會中是再常見不過的現象了。幾周過去了，幾個月過去了，然後才有人留意到這件事。在大型教會這樣的事可能更容易發生，但小型教會也會發生這樣的情況。

我教會裏的人把這種現象稱為「從縫裏掉下去了」。他們會這樣說：「你最近有沒有看見莎莉來教會？我希望她沒有從縫裏掉下去。」但這樣的事情為何發生的？是不是真的從縫裏掉下去了？這樣的說法是把教會比喻成一幢懸空的樹屋，在每塊木地板之間有很寬的縫隙。偶然一位教會成員沒有留意，踩到縫隙裏，就「嗖」的一聲突然消失了。教會成員是否真的會突然、偶然、不給人任何留意的機會就離開教會呢？

如果我們不使用「從縫裏掉下去」這個說法，而是用另一個畫面「脫離羊群走散」又會如何？這個畫面看起來更為貼切，原因至少有兩個。第一，「走散」意味著一個失聯的教會成員本身負有與會眾保持聯繫的責任。一般來說，羊不

會因為無意中掉進一個空洞而離開羊群。經過一段時間，經過一系列的選擇，他們才會走散離開。

第二，走散的羊這個畫面也暗示，當一隻羊開始漫步離開時，應當有人來看守羊群，採取行動。是的，每一位教會成員都有自己的責任，不要隨便離開，但所有的教會成員也當盡本分來彼此守望。然而有一群人特別有義務留心是否有羊走散，他們就是眾長老。

不斷守望

我們在第三章看到，長老需要時刻守望，以確保沒有狼進入教會帶來虛假的教訓。但長老也要守望其他方面，留意是否會出現不好的狀況：教會成員走散離開羊群，離開主。這是基本牧養工作的一部分。牧羊人要餵羊，要保護牠們脫離要獵殺牠們的野獸，還要跟蹤牠們的走向。

還記得雅各怎樣詳細地講述他為拉班看守羊群而做的工作嗎？雅各哀歎他是如何耗盡自己的精力看守拉班的羊群，如何為每一頭牲畜交賬的。在他的抱怨中，我們可以瞥見警醒、負責任的牧養工作是如何進行的：

我在你家這二十年，你的母綿羊、母山羊沒有

掉過胎。你羣中的公羊，我沒有吃過；被野獸撕裂
的，我沒有帶來給你，是我自己賠上。無論是白日，
是黑夜，被偷去的，你都向我索要。我白日受盡幹
熱，黑夜受盡寒霜，不得合眼睡着，我常是這樣。（創
31:38-40）

與之形成對比的是，以西結發預言攻擊以色列的領
袖，控告他們疏忽牧養：「禍哉！以色列的牧人只知牧養自
己。牧人豈不當牧養羣羊嗎？」（結34:2）他們疏忽了哪個
方面的牧養？「被逐的，你們沒有領回；失喪的，你們沒有
尋找。」（4節）結果就是，「我的羊在諸山間、在各高崗
上流離，在全地上分散，無人去尋，無人去找。」（6節）

但神宣告祂要親自來尋找祂百姓中迷失的羊：

「主耶和華如此說：看哪，我必親自尋找我的
羊，將牠們尋見。牧人在羊羣四散的日子怎樣尋找
他的羊，我必照樣尋找我的羊。」（結 34:11-12）

就這樣，神差遣耶穌臨到，把迷失的羊招聚起來，成為
一個新群。耶穌解釋祂對稅吏和罪人所做的事工，把自己比
喻為一位牧羊人，撇下九十九隻「找到的」羊，為的是尋找

那一隻走失的羊（參見路15:1-7）。祂稱自己是好牧人，不僅為羊捨命，還要把「另外的羊」帶進來，「另外的羊」指的是外邦人（參見約10:14-16）。

再一次，教會長老進入了畫面當中。長老是耶穌設立的牧者，不斷為耶穌和祂的福音所拯救和招聚起來的這群羊守望。長老被稱為「監督」，這是很貼切的。長老「為你們（會眾）的靈魂時刻警醒，好像那將來交賬的人」（來13:17）。能很好地帶領家庭，是做長老的一個資格（見第一章），部分原因也在於此：好好教養兒女要求專注監督兒女和家庭正在發生的事，好的牧養也是如此。

為誰交賬？

所有這些講到監督的內容都提到一個至關重要的問題：長老到底應當為哪些人守望？如果長老是牧者，必須像雅各那樣交賬，那麼他們在神面前要為哪些人交賬呢？可以肯定的是，教會長老並不是在屬靈上對各處的每一位基督徒負責，所以他們只負責看守那些他們服侍的人，情況是不是這樣呢？

可能是，也可能不是。長老是否有一種屬靈的責任，要為曾經來過一次教會的人的屬靈生命負責？還是來過兩

次的人？一個人要來參加主日敬拜多長時間、多高頻率，然後才能「正式」地被算作是羊群的一分子，並接受長老的監督？如果一個人固定參加教會的查經聚會，卻不參加教會的敬拜，那又會怎樣？一個固定參加聚會的人是不是信徒又有什麼關係？

看來聖經所講的牧養要求對羊群有清晰的定義。長老一定要能分辨出，作為牧羊人，他們要為之交賬的人是誰；作為基督徒，他們要與之建立關係的人是誰。換句話說，教會長老的職分要求我們有一些教會成員制的概念。

長老職分與教會成員制

教會成員制有兩個至關重要的作用。首先，它**辨認出**哪些人是耶穌的門徒。教會成員身分並不會使人成為基督徒，但確實會從外表將人標記為基督徒。耶穌賦予地方教會「捆綁」和「釋放」的權柄（太18:18）。通過受洗成為教會成員（太28:18-20），給羊打上羊的標誌，通過把人逐出教會（太18:15-17）來除掉這個標誌。一個人尋求成為教會成員時在教會面前說，「我是一位門徒」，教會說，「是的，我們相信你是！」（或在很罕見的情況下，說「不，我們不相信你是！」）教會將人除名時說：「你可能是一個真正的基

督徒，但你不肯為罪悔改讓我們沒有理由繼續確認你是一名基督徒。」

其次，教會成員制不僅將一些人識別為基督徒，還將一群識別出來的信徒**招聚**進入一間具體的教會，在其中他們彼此委身。使徒傳福音使人做門徒，然後給他們施洗，讓他們加入地方教會的團契生活，好得到教導順服耶穌的命令。當使徒聚集一群門徒加入教會時，他們設立長老來帶領和教導每一個教會。正如保羅提醒他的同工提多那樣：「我從前留你在克里特，是要你將那沒有辦完的事都辦整齊了，又照我所吩咐你的，在各城設立長老。」（多1:5）

你看到了嗎？教會成員制讓整個長老監督工作變得切實可行。

教會成員制辨認和標記出耶穌的門徒，讓牧師-長老按教會所能確認的最大限度知道，這些羊確實是羊。教會成員制把門徒招聚起來，形成一個教會，並幫助一位長老知道，要監督哪些羊，要為哪些羊向神交賬（來13:17）。這並不意味著一位長老應該對參加教會敬拜的非教會成員無動於衷或冷漠，但這確實意味著，長老對教會成員是有權柄的，也有交賬的責任，這是他對非成員時所沒有的。

教會成員制也提醒全體會眾，他們要彼此負責。眾長老應當帶頭去尋找迷失的羊，但他們並不是唯一的守望者。教

會成員制意味著，整個身體內的人要彼此為對方交賬，互相
關心。

你所在的教會是否正在認真考慮一種更符合聖經的關於
長老的看法，或正在思考朝著一種長老治理的模式發展？請
務必同時進行建立教會成員制的工作。[①]有意義的教會成員
制會使長老們更有效地帶領教會。

五種走散的羊

假設你是一位長老，終於明白了這裏所講的一切。你認
識到你的呼召包括為走散的教會成員守望。並且假設你的教
會踐行有目的的教會成員制，所以你也確實知道該為哪些人
守望。現在該怎麼辦？你怎麼繼續守望？你應當特別留意些
什麼？

教會成員的「走散」通常有五種方式。當你在地方教會
的團契中與人建立關係，聽到有一位成員正身處以下某種狀
況，你就要留心了，這位弟兄或姊妹可能已經走散了。

---

① 有關教會成員制很好的入門書籍，請參閱約拿單·李曼所寫的《教
  會成員制》一書，該書的電子版可以在這裏下載：http://cn.9marks.
  org/download/

犯罪的羊

讓我們從一種容易的處境講起——說牠容易，並不一定指很容易解決，而是指很容易辨識。如果你發現一位教會成員公開犯罪，你就知道一隻羊走散了，且需要幹預。

每一位教會成員都會與罪爭戰，每一位長老也是如此。約翰寫道：「我們若說自己無罪，便是自欺，真理不在我們心裏了。」（約壹1:8）但有些罪比其他罪更公開更明顯，有時教會成員似乎已經不再想與罪爭戰，而是決意悖逆。如果長老發現有明顯的犯罪且不悔改的現象，就要鼓起勇氣，靠著主，謙卑地與這位成員對質，正如耶穌教導我們的那樣（參見太18:15-17）。

有時這樣的幹預會起作用。想起有幾次我責備在罪中糾纏的教會成員，儘管我很膽怯，主卻施恩帶領這人悔改，我就大大歡喜。然而，事情的結局並不總是這樣。我認識一位長老，他想方設法地想要接觸一位犯罪躲避自己的教會成員，甚至在吃午飯的時候把車停在這位成員的公司門外，希望最終能當面見到他。不幸的是，那位成員依然回避他，最終也不悔改，再也沒有回到教會。

遊蕩的羊

遊蕩的羊走著走著就離開了教會，被其他活動或感興趣

的事情所吸引。他走散的原因，可能是由於出差忙碌，或沒有智慧地為孩子選擇了體育活動，結果一家人不能參加主日敬拜，或是因為買了一幢需要許多維修工程的房子而耗盡了週末的時間。有時，一位年輕的教會成員去上大學，就會靈命退步，結果不再回到教會和主的面前。還有時候，有人抱怨自己在教會裏覺得不自在，所以不再出席。

不管情況如何，這些教會成員都沒有認真聽從《希伯來書》的勸誡：「又要彼此相顧，激發愛心，勉勵行善。你們不可停止聚會，好像那些停止慣了的人。」（來10:24-25）他們忘記了教會成員制意味著與其他成員有固定的聯繫，目的是為了「激發愛心，勉勵行善」。有人可能會爭論說，這種遊蕩的羊離開我們的敬拜聚會，似乎沒那麼糟。但事實上，這樣的羊是在犯罪，違背了聖經的這條命令。

長老們，要留意那些生活過分忙碌的教會成員，帶著愛心提醒他們，不要把與會眾的團契和敬拜給擠掉了。

瘸腿的羊

耶穌從未應許我們生活沒有疼痛和苦難。基督徒也會失業，失戀，被診斷患上二型糖尿病，開車被人追尾，惹上官司。曾經積極活躍的信徒年紀大了，只能待在家裏不能外出。這些受苦的教會成員是瘸腿的羊，處在落後的危險中，因為他們趕不上群羊。他們需要有人放慢腳步，與他們同

行。哪怕最堅強的聖徒都會因無法承受極大的苦難，而變得極其沮喪，慢慢耗盡心力，不能維持與教會的正常聯繫。如果那位在忍耐和信心方面都無與倫比的約伯都有自己的極限，那麼你的會眾肯定也有他們的極限。

當你知道一位教會成員正在經歷一場人生中的大風波，就需要特別留意了。這位弟兄或姊妹有其他教會成員——不管是朋友還是查經小組成員——的支持嗎？他有沒有什麼實際的需要是執事能幫助解決的？這位成員受苦的消息是否成為教會不斷禱告的內容？身為長老，當我們自己挺身而出為一位有掙扎的成員禱告和輔導時，也能提醒和動員全體會眾這樣去行，這常常可以幫助到當事人。

讓人驚訝的是，就連最小的關懷舉動也能讓瘸腿的羊振作精神。聚會後在教會走廊裏一個快速的擁抱和禱告，一張鼓勵的便條或短暫的探訪，都能讓一位受傷的成員打起精神，繼續向前，再多堅持一個月。就在上星期，我問教會中一位姊妹關於她丈夫的情況。他的健康出了很大的問題，有時不能來參加敬拜。這位姊妹告訴了我他最新的情況，接著稱讚我們的一位長老花時間去探訪他們。那一次簡短的家庭探訪提升了他們的信心，給了他們堅持下去的力量。

每一件小事都有重大的意義。當主讓受傷的教會成員進入到你的視線當中，你就要挺身而出，給予關懷。

打架的羊

你可能覺得這難以置信，但我知道，有些教會的成員彼此間常常發生衝突。當然，這樣的事情從來沒有在我的教會中發生過，你肯定以為，在我的教會裏，所有教會成員對治理模式和敬拜音樂觀點一致，所有委員會都用同樣的方式來解決問題和管理財務，沒有人會得罪其他任何人。

事實上，鑒於我們成員的個性和背景是如此的多樣，再加上我們自己仍有犯罪的傾向，我們教會竟然會如此的和諧，對此我驚訝不已。這一定是聖靈的作為。

當教會成員用羊角互相頂撞時（這沒法避免），他們就有嚴重的走散危險。人開始迅速地消失。他們說：「教會不應該是這樣的，因著我感受到的一切張力，我再也無法參加敬拜了，我要離開這裏。」

激烈爭鬥的教會成員需要受到挑戰，為神的榮耀，為福音的緣故與人和好，但他們可能需要幫助才能做到這一點。就連最成熟的門徒也可能需要一個裁判。保羅挑明他的兩位同工之間有爭吵：「我勸友阿蝶和循都基，要在主裏同心。」（腓4:2）然後他請求教會出手幫助：「我也求你這真實同負一軛的，幫助這兩個女人，因為她們在福音上曾與我一同勞苦。」（腓4:3）

各位長老，不要對成員之間的衝突視而不見，希望事情

會自己平息下來。事情極少會這樣。你可能會受到試探想要回避和忽略衝突，因為你只不過是常人一個，並不喜歡去勸架。但要記住耶穌的話：「使人和睦的人有福了，因為他們必稱為神的兒子。」（太5:9）緊緊抓住這福分。邀請互相爭吵的教會成員來和你交談，看神會有怎樣的作為。要記住，長老的目標就是讓羊成熟起來（參見第二章）。衝突給人帶來難以置信的機會，讓人在基督裏成長。

咬人的羊

但如果教會成員把怨氣發在你這位牧者-長老身上，那你又該怎麼辦呢？如果在你嘗試接近的時候，那隻羊咬了你，你該怎麼辦？一個人若將你看作是他離開的原因，你該如何來繼續為他守望呢？

對於這些問題，答案可能大相徑庭，這取決於具體的情況和所涉及的人。但不論如何，當一位長老被人追究時，有三件事是他總要去做的：

- 請另外幾位長老幫助你來面對這位有怨氣的成員。正如我們將要在第六章中所看到的，這是神命定每個教會應當有不止一位長老的原因之一，這種做法我們稱為「眾長老治會」。長老們彼此守望，因為牧者自己也是羊。讓你自己謙卑下來，接受其他長老愛的審查。

如果那位教會成員錯了，就讓其他的長老來為你的立場辯白。

- 保守你的心，遠離自辯、憤怒和不屑一顧的心態。當你去找其他長老求助時，不要把這件事作為教會領袖集體為自身辯護的藉口。努力維持用愛心和憐憫去對待那些詆毀你的人。

- 當你與一位對你充滿抱怨的姊妹或弟兄見面時，你要認真聆聽。我在過往的幾年裏發現，即使最憤怒、最毫不留情批評我的人，通常都有他有道理的地方。可能他們對這一點誇大了，並用了不成熟和有罪的表達方式，但他們通常仍然是在回應我需要面對的**某些事情**。

繼續守望：福音塑造的呼召

在這種情況下，尋找走散的教會成員很可能是長老工作中最困難、最讓人覺得沒必要的部分。你教一門課程會得到會眾的稱讚與尊重。你為教會成員禱告，會經歷極深的滿足感。當你是長老團隊的一份子，做出了歷史性的帶領決定，你會因此興奮莫名。但責備一個犯姦淫的人，或制止一場存在已久的衝突，你個人會得什麼益處呢？誰會真正想坐下

來，聽一對充滿怒氣的夫婦指出他們認定你和教會傷害他們的一切事？我們自己的生活中不是已經有太多的跌宕起伏的事情了嗎？為什麼還要去趟別人的渾水呢？

原因有一個：當長老出去尋找走散的成員時，他們就意味深遠地活出了福音。繼續守望，把這些走迷路的人找回來，這是一種效法耶穌的工作。

這位好牧人來到這世上，為尋找和拯救失喪的人。神的羔羊來，為像我們這樣不悔改、犯罪的羊而死。這位大醫生來，為瘸腿、有病、因罪而生命破碎的羊包紮傷口。這位和平的君來到我們這個被爭戰撕裂，被爭競割裂，紛爭無數的世界。我們侮辱祂，擊打祂，用槍紮祂，祂卻不開口。

耶穌不是非來不可，但他卻來了。當長老主動幹涉事件甚至付出代價時，他們就是在以身作則，顯明他們所傳講的福音。

第五章

帶領卻不轄制

在某個教會中，情況在不斷惡化。主任牧師和助理牧師在幾個至關重要的問題，包括神學和如何最好地開展教會事工方面不能坦誠相待。他們的分歧通過各自的講道滲透到會眾當中，以致他們之間不斷擴大的張力開始使教會陷入分裂。

這位助理牧師把這局面告訴我之後，我問他：「你的教會難道沒有長老嗎？」他說教會有長老。我繼續說：「那麼他們正在採取什麼步驟來解決衝突？」

他對我說：「這就是讓人感到沮喪的地方。他們不知道該做什麼。他們發出了混亂的信號。有時他們說，要我繼續留下，但有時候他們似乎又認為，我與主任牧師的分歧太大。」

對於這情形裏每個人的感受，我都深有同感。我為這兩位牧師心痛，他們都愛主，只是對事工有非常不同的看法。我也很同情這些長老，他們很可能是好人，想要服侍教會，卻發現自己捲入了一場牧師之間複雜、有可能是爆炸性的爭

論，這兩個人他們都需要尊重。難怪他們看起來像是癱瘓了。這種混亂的局面是否並非他們所能應付的？

然而牧師和教會所需要的，正是願意捲入一個錯綜複雜的局面並帶領眾人的長老。

你說的是誰？

在一本論述長老的書中，用整個一章的篇幅來講帶領這個話題，看起來可能很多餘。長老帶領教會，難道不是很明顯的事嗎？可能是。但當事情變得極度混亂，有時那明顯的事我們反而看不見了。

長老會很容易覺得自己不夠資格帶領教會，尤其是在緊張的處境中。他們會認為：「我並沒有神學院的學位，我在教會管理方面也沒有受過訓練。我家庭事務繁忙，還有全職的工作，我沒有足夠的時間和能力來解決這個問題。老實說，我覺得自己不過只是一位有榮耀的教會委員會成員。」平信徒長老是誰，竟要重新制定教會長久以來持守的海外宣教理念，引導教會完成花費昂貴的會堂擴建過程，或澄清會眾對一位教會同工行為不檢的指控？

教會成員也可能會感到奇怪。有時一位成員會配合平信徒長老的帶領，只要長老引導教會走在這位成員所喜歡的

方向上。但是當長老走「錯」了方向，這位教會成員就會退縮。他會抱怨說：「他以為自己是誰？我和他一起參加查經小組有十年時間了，他並不比我強，現在他突然就發號施令了？」

我們甚至可能再退後一步，質疑在目前這更廣闊的文化處境中長老權柄存在的正當性。現在在西方社會，人們傾向於帶著懷疑的眼光來看待做帶領的。我們喜歡質疑權威，營造陰謀論，告發他人。領袖地位越高就跌得越慘，世界的歡呼聲就越響亮。隨著權柄已經從外在制度轉移到內在直覺，每一個人都變成了自己的王。鑒於這樣的文化氣氛，長老算什麼，竟然來告訴每一個人當如何生活、當相信什麼，更不用說一個教會了？

長老真的有帶領教會的權柄嗎？

獲得授權帶領

讓我們首先來回顧新約聖經中這一職分的三個可互換的稱呼。雖然這三個頭銜的內涵稍有不同，但都包含著權柄和帶領的含義。

• **長老。**這個說法暗示著智慧和經驗。你去找一位長老

尋求輔導和指引。長老有道德權威，他們講話的時
候，人們會傾聽。

- **牧師/牧者**。牧者負責照管羊群，他們帶領羊從一個
  地方走到另一個地方。你能想像有一位牧者會不在乎
  羊群朝哪個方向遊蕩嗎？
- **監督**。這個說法描述的是一個為事或人守望的人。

並且，也請再次思考我們已經查考過的幾處經文。在你
重讀這些經文時要留意，每一處經文作者都認定教會的監督
有權柄帶領教會，教會成員有責任尊重和順服這權柄：

> 人若不知道管理自己的家，焉能照管神的教會
> 呢？（提前 3:5）
>
> 那善於管理教會的長老，當以為配受加倍的敬
> 奉；那勞苦傳道教導人的，更當如此。（提前 5:17）
>
> 弟兄們，我們勸你們敬重那在你們中間勞苦
> 的人，就是在主裏面治理你們、勸戒你們的；又
> 因他們所作的工，用愛心格外尊重他們。（帖前
> 5:12-13）
>
> 你們要依從那些引導你們的，且要順服；因他
> 們為你們的靈魂時刻警醒，好像那將來交賬的人。

（來 13:17）

　　長老照管、帶領、勸誡教會成員，為他們時刻警醒。教會成員的回應就是承認他們，敬重他們，並且服從他們。

　　教會在自身組織架構的問題上有不同的做法。像我所在教會的治理模式是會眾制，和長老制教會的組織形式不一樣，我們也不會接受像我們的安立甘宗朋友那樣有主教和大主教的主教制體系。但所有教會至少都應根據聖經的教導認同一件事：神已明確地將某種權柄委派給了長老，並由他們來指導地方教會的事務。

在行李堆中閑坐

　　如果你是一位長老，就要挺身而出，努力工作帶領你的教會。你不需要知道一切的答案，你也肯定不會把所有的事情都辦得穩穩妥妥。但耶穌已經賦予你使命，引導祂的羊群。你的教會需要你採取主動，制定一條前進的道路。

　　你有可能會受到試探，像掃羅王一樣回應。雖然神揀選了掃羅，雖然撒母耳膏抹他做王，但當掃羅要在國民面前出現時，他卻躲在各樣的器具之中。這當然是一個很好的藏身之處，因為百姓不得不問神他在哪裏：「眾人尋找他卻尋不

著，就問耶和華說：『那人到這裏來了沒有？』耶和華說：『他藏在器具中了。』」（撒上10:21-22）當教會需要帶領的時候，做長老的弟兄不要躲藏起來。是時候從這行李袋裏爬出來，離開貨倉，坐在駕駛位上了。

因著充滿勇氣的平信徒長老在關鍵時候做出的必要帶領，我所在的教會已經一次又一次地蒙了神的祝福。我想到了約翰，在一次讓人痛苦的教會分裂後的幾年裏，他很有技巧地帶領我們重新修訂了教會的章程。他重新撰寫的教會章程得到了會眾的一致通過。我曾與蒂姆一同參加過幾次氣氛緊張的會議，看到他耐心鎮定地消除教會成員甚至教會同工之間的紛爭。我記得馬特給教會帶來了合一，他清楚愉快地解釋我們需要擴建會堂。我很感謝艾力克和克雷，他們幫助我們完成了複雜的聘牧過程，結果我們有了一位非常了不起的助理牧師。會眾很可能並沒有意識到艾力克為他們做了何等多的事，他不懈地挑戰其他長老，使他們成為教會的牧者。

就在我寫這本書的時候，我還在為比爾感謝神。他目前正在全職經商，但他會用業餘時間以及在運營和團隊管理方面的專長，來幫助我管理教會同工，同時也在訓練我如何帶領，真是額外的收穫！

我還可以利用本章餘下的篇幅，來講述我自己的長老名

人堂裏的人和事。我實在是有幸與如此愛這群羊的人共事，他們做艱難的決定，確定合乎福音的治理模式，為教會合一勞苦工作，在挫折中堅忍，開會、與人交談、禱告，為會眾犧牲了許多的時間。由敬虔和愛心之人所行使的權柄，給地方教會帶來了生命和合一，使其多結果子。當教會服從這權柄的時候，就會得益處（參見來13:17）。

獨斷專權

也許你還沒有被完全說服。

所有這些關於長老權柄的內容有沒有讓你緊張不安？即使有聖經經文的支持，你是否還是有猶豫？也許按你的經歷，長老的問題並不是他們太像掃羅，藏在器具箱裏逃避寶座，而是他們更像做王生涯後期的掃羅，那時他拿起長矛向大衛擲去，妒火中燒，懼怕那位來自伯利恒的小子會篡奪他的王位（參見撒上18:9-11）。也許你感受到真正的威脅並不是長老的膽怯，而是長老的專權。

我認識一位年輕的弟兄，他很想服侍一間地方教會。這是一間較小型的教會，本來可以因他的恩賜而受益。但這位年輕的信徒卻碰壁了，就是其中的一位教會長老。這位長老幫助建立了這個教會，他的話帶著權柄。而且他有

時候也用非常直接的方式行使這權柄。他是教會其中的一位「老板」，而且並不害怕讓人知道這一點。不幸的是，這位長老並不喜歡這位年輕人想要給教會帶來的服侍或改變。事實上，這位長老總體而言並不喜歡改變。塵埃落定後，這位年輕人默默離開了，渾身是傷，心灰意冷。

只要與那位控制人、認為自己了不起的長老頂撞過一兩次，就會讓人質疑「牧師權柄」、「屬靈的監督看顧」等。畢竟，這些豈不都是那些邪教領袖為了控制他人而隨口所說的話嗎？

帶領卻不轄制

耶穌和眾使徒懂得你的擔憂。他們不僅授權長老來帶領，也從根本上重新定義了領袖的職分，就是謙卑、舍己地服侍那些跟從領袖的人。彼得強調了長老有監督和牧養的責任（彼前5:2），但就在同一段話裏他呼籲長老要謙卑和以身作則地帶領，「也不是轄制所託付你們的，乃是作羣羊的榜樣。」（3節）

彼得當時可能回想起了耶穌對他和其他門徒的教導，在神國度中真正的權柄和偉大是什麼：

你們知道外邦人有君王為主治理①他們，有大臣操權管束他們。只是在你們中間，不可這樣；你們中間誰願為大，就必作你們的用人；誰願為首，就必作你們的僕人。正如人子來，不是要受人的服事，乃是要服事人，並且要捨命，作多人的贖價。

（太20:25-28）

這位好牧人為羊捨命的時候，祂不僅付出贖價，救他們脫離罪，祂還為祂所買贖的羊群重新定義了什麼是偉大和權柄。

在最後的晚餐上，耶穌讓門徒們震驚，祂給他們洗腳，然後祂解釋了自己這令人震驚的舉動：

我是你們的主，你們的夫子，尚且洗你們的腳，你們也當彼此洗腳。我給你們作了榜樣，叫你們照著我向你們所做的去作。我實實在在地告訴你們：僕人不能大於主人，差人也不能大於差他的人。（約

---

① 很有意思的是，《馬太福音》20 章 25 節中翻譯為「為主治理」的希臘文單詞，與彼得在《彼得前書》5 章 3 節中用的是同一個詞。除了這些經文以外 這個詞還在《馬可福音》10 章 42 節（與《馬太福音》平行的經文）和《使徒行傳》19 章 16 節出現過。

13:14-16)

那天晚上，耶穌把上衣脫下來，親手洗門徒骯髒的腳。第二天祂要再次被剝去上衣，這同一雙手要被釘在十字架上，為的是洗去他門徒裏面的罪。那些站在十字架下得赦免的人，可以看到一種顛覆世界、令世人震驚的帶領和偉大。

建立僕人式領導的組織架構

長老如何才能保持謙卑、腰束毛巾給人洗腳的姿態，而不陷入一種傲慢、帶著冠冕的專制模式？長老真的能在不轄制下帶領，不獨裁下行使權柄嗎？

人絕不可能完全消除過分專權的危險，驕傲無時無刻不糾纏著我們的內心。最終來說，每天靠著聖靈的大能把自我釘死在十字架上，是每一位長老的責任。但教會也能做一些事情，來培養一種謙卑的治理文化。領袖和會眾可以一同組織和構建他們的生活，讓僕人式領導成為常態，而專橫領導變得不再合宜。

請思考以下六種集體習慣，牠們能幫助長老和會眾像耶穌服侍我們一樣彼此服侍：

選擇謙卑的長老

一個教會所能做的最簡單有效的事，就是制訂出一套篩選潛在長老的流程，確保所選擇的是謙卑的人。正如我們在第一章中所看過的那樣，長老的資格清單要求這個人必須「溫和、不爭競」（提前3:3），「不任性、不暴躁」（多1:7）。

我曾聽一位牧師說過，一位教會領袖最重要的品質就是謙卑。他繼續指出第二個最重要的品質還是謙卑。那麼第三個最重要的品質是什麼呢？你很可能已經猜到了。

選擇長老時，要找那些在教會中曆來堅定而溫柔服侍的人。有僕人心腸的人被設立成為長老，很可能會繼續像僕人一樣行事為人。即使他們會變得有一點點傲慢，但在被人挑戰時，他們往往會有良好的回應。要找那些能在長老會議上說出想法，但在自己的立場被投票否決時也能歡喜順服團隊的人。謙卑的長老能互相順服。

但如果一個人自以為是，目空一切，固執和轄制人，不管這個人上任後會帶來怎樣的其他的才能、經驗或資源，教會都不要犯錯誤，把牧者的杖交給他：「給人行按手的禮，不可急促；不要在別人的罪上有分。」（提前5:22）

委派執事

　　長老並不是教會唯一的執事，使徒也被任命為執事。執事負責照顧教會的後勤、行政和實際的需要，培養教會的合一。許多人將初期教會那「七個人」看作是教會執事的雛形，他們的使命就是監督分發糧食給教會中的寡婦，好讓會眾可以和睦相處，並使眾使徒可以有時間來傳道和禱告（參見徒6:1-7）。

　　培養一種健康的、充分授權的執事職分，就擴展了教會中的權柄和權利，因此會營造出一種結構性保護，以防備長老在重要問題上出現分歧。眾長老依然指導教會的事務，並最終對教會的一切事務承擔某種程度的責任。但他們可以委派執事履行部分職責，讓他們自由行事。當長老把教會中例如接待、照顧兒童、場地設施、記賬、慈惠事工和技術方面的問題交給合格的執事時，他們就向會眾傳遞了一種謙卑的信任。執事就像《使徒行傳》6章中的那「七個人」一樣，幫助長老卸去重擔，使後者能夠專心教導、禱告和牧養。

持守責任

　　你的教會是否有一種機制，可以當面責備一位落入罪中的長老？保羅對提摩太說，要非常看重長老（提前5:17-

18），但在接下來的經文中，他命令那些被證明有罪的長老
要接受公開的責備：

> 控告長老的呈子，非有兩三個見證就不要收。
> 犯罪的人，當在眾人面前責備他，叫其餘的人也可
> 以懼怕。（提前 5:19-20）

　　長老們，如果你們發現一位同作監督的人，行事為人悖
逆主，不願悔改，不要僅僅因為他是長老就睜一隻眼閉一隻
眼。正如保羅接著說的：「我在神和基督耶穌並蒙揀選的天
使面前囑咐你：要遵守這些話，不可存成見，行事也不可有
偏心。」（提前5:21）

尊榮神的道

　　長老要不斷地使神的道和福音成為教會的中心，以此
來帶領教會卻不轄制人。長老應不斷地研讀神的話語，在他
的一切教導、敬拜和事工中均如此行。這既提醒他也提醒會
眾，他的權柄是有前提的，唯獨聖經才是教會生活中的絕對
權威。會眾也應當選擇那些高舉聖經（不一定是**他們對聖經
的理解**）的人來擔任長老。

　　畢竟，長老只有在教導、遵守和執行耶穌的話語時，
才對屬耶穌的教會有權柄。正如十九世紀的牧師威廉‧約

翰遜（William Johnson）所言，長老是執法者，而不是立法者。[2]他們的工作只是在教會生活中宣講和執行聖經的教導。長老要高舉聖經，同時也謙卑自己。他們這樣做，表明自己就是真信徒想要跟從的那種人。

自我複製

我們在第三章中看到，長老需要訓練能取代他們的人，以此延續教會的教導事工。誰將會成為下一代的教師和長老？要注重訓練，這不但能延續教會的帶領，還能幫助長老保持謙卑。在向他人放權的同時又抓住權力不放是行不通的。

信任會眾

對於是否要說明這一點我有點猶豫，因為本書的讀者並非都像我一樣認同會眾制的教會治理。本書也不是在為會眾制的教會治理作辯護。但我可以謙卑地觀察一下，在某些領域賦予全體會眾最終的權柄（即使是長老會教會也是如此），豈不是在組織結構方面有了最好的保護，以防止長老專權嗎？將重大決定帶到會眾面前，請求教會的批准，會迫使長老放權，謙卑地相信教會成員，也信靠主。有時我希望

---

[2]　摘自 *Polity: Biblical Arguments on How to Conduct Church Life* (Washington, DC: Nine Marks Ministries, 2001), 195. 狄馬可編。

能發布命令，做出一個重大的決定。而會眾制的決策過程比較緩慢，有時並不會帶來我想要的結果。但多年以來，我已經開始看到，好的會眾制治理能在長老和教會成員之間建立起合一和信任。相信在某些方面最終的權柄屬於會眾，這迫使長老更努力地教導會眾，與會眾溝通，並且藉著禱告來信靠神。

作為牧羊人，他同樣也是羊

耶穌已經設立長老做祂手下的牧者，看顧祂的羊群。長老應當把這個任務牢記在心，帶著勇氣治理教會。懦弱、消極被動的監督只會引發爭議，並讓教會每況愈下。我呼籲所有與我同做長老的人：為了教會的緣故，為了福音的緣故，為了神榮耀的緣故，帶領你的會眾！

但在所有這些對牧者的勉勵中，你要記住一個相輔相成的事實：你們自己也是羊。

這是每一位長老都必須要面對的一個極大的悖論。他既是一位牧者，也是一頭羊；既是跟從耶穌的人的領袖，同時也是跟從耶穌的人；既是地方教會的監督，也是身體中的一部分。一位長老是有罪的人，靠恩典得救、蒙恩，跟從那位好牧人耶穌基督。突然，耶穌轉向他，把牧者的杖交在他手

裏，説「你餵養我的小羊。」（約21:15）

　　如何解決這種由羊變成牧者所固有的張力呢？你不需要消除這張力，只需要坦然接受。你回應牧養的呼召，同時宣告你完全依靠主。你説：「讓我們朝這個方向走。」同時，與教會其餘的人一道呼求：「主，求你引導我們。」你定睛在耶穌身上，靠著祂的恩典，帶領卻不轄制。

第六章

一同牧養

我很高興你還在讀這本書。坦白說，我曾擔心你到此刻可能已經放棄了。這並不是因為這本書很厚，或很有挑戰性。我是擔心，當你看到聖經對長老的一切要求時，你可能會灰心喪氣，於是就把這本書扔下了。

開篇論述長老資格的那一章已經夠糟了。使徒為長老設立了很高的標準：有基督的品格，管理得井井有條的家，善於教導和捍衛聖經的真理，還要「無可指責」，怎麼辦呢？任何深知自己有過錯和弱點的人，都會發現這些描述要求很高，至少是發人深省的。在我寫那一章的時候，禁不住想：「我真有資格做長老嗎？更不用說寫一章關於長老資格的書了。」

即使你僥幸通過了第一道篩選，第二章到第五章所說的分量極重的責任，也有可能已經讓你打退堂鼓了。長老牧養羊群，教導教義，駁斥錯謬，培養教會成員使他們成熟，尋找走散的人，治理和帶領，解決衝突，這只不過是長老的本分而已！

而接下來，我們還有三章的內容。

有時這些工作壓得我喘不過氣來，我是一位受薪的全職牧師，把一周全部的工作時間都用在了完成這些任務上。但如果你是一位平信徒長老，工作壓力很大，上下班路程折磨人，家庭生活忙碌，還有房子需要維修，或許還有一兩種業餘愛好，這時你又該怎麼辦呢？你要怎樣才能在擠出來的有限時間內，公正地履行教會監督的崇高呼召呢？這讓人覺得必定會失敗。平信徒做牧養的工作真的可行嗎？

我相信是可行的。部分的解決方案是接受你牧養的呼召，用捨己的精神將這呼召擺在優先的地位。亞歷山大‧斯特勞克（Alexander Strauch）對我們有些諍言要講：

> 許多人養家、工作，把相當多的時間用在社區服務、俱樂部、體育活動以及／或宗教機構方面。邪教已經發起大規模的平信徒運動，這些運動之所以能維持下來，主要是因為他們的成員自願付出了時間。我們這些相信聖經的基督徒，正在成為一個懶惰、懦弱、付錢讓他人做事的基督徒群體。絕對讓人驚奇的是，當人有動力去做他們喜歡做的事情時，他們能做成的事是何等的多。我曾見過有人在

業餘時間裏建造和重新修葺他們的房屋。[1]

立志要做長老的人應計算服侍的代價，然後信靠神的恩典，為著教會把自己全然擺上。

但還有另外一個因素使平信徒可以持續從事牧養的工作。這是聖經講的長老資格中的一部分，牠使我在過往的歲月中可以堅持牧者的工作。神設計地方教會時，充滿智慧地設置了眾長老。牧養是有可能做到的，因為神的計劃是讓牠成為一項團隊的工作。

眾長老牧養

英文新約描述長老在教會實際發揮作用時，用的是複數。請瀏覽下列經文，留意在每一個教會中都有多位長老帶領：

> 到了耶路撒冷，教會和使徒並長老（原文複數）
> 都接待他們。（徒 15:4，也見 6、22 節，16:4）

---

[1] Alexander Strauch, *Biblical Eldership: An Urgent Call to Restore Biblical Church Leadership* (Littleton, CO: Lewis and Roth Publishers, 1995), 28. 中譯本參考：《按照聖經作長老》，劉志雄譯，天糧書室出版。

二人在各教會中選立了長老（原文複數），又禁食禱告，就把他們交託所信的主。（徒 14:23）

保羅從米利都打發人往以弗所去，請教會的長老（原文複數）來。（徒 20:17）

基督耶穌的僕人保羅和提摩太寫信給凡住腓立比、在基督耶穌裏的眾聖徒，和諸位監督，諸位執事。（腓 1:1）

我從前留你在克里特，是要你將那沒有辦完的事都辦整齊了，又照我所吩咐你的，在各城設立長老（原文複數）。（多 1:5）

我這作長老、作基督受苦的見證、同享後來所要顯現之榮耀的，勸你們中間與我同作長老（原文複數）的人。（彼前 5:1）

你們中間有病了的呢，他就該請教會的長老來；他們可以奉主的名用油抹他，為他禱告。（雅 5:14）

你有沒有發現其中的規律？我們一次又一次發現，聖經說每個教會（單數）有多位長老（複數）。[2]每個教會都有自己的牧養團隊。這是一個初步的觀察，但當你把這付諸實

---

② 同上，37。

踐時，事情就大不一樣了。眾長老對於可持續的牧養工作而言意義重大。

分擔重擔

先講顯而易見的：有多位長老，可以分攤牧養的負擔。「人手多，工作輕省」，「團隊分工合作，倍增成功」，還有其他一些格言都適用於長老的侍奉。

我們教會的一位成員曾經問我，她該怎樣為我禱告？我分享了日益增長的事工重擔。那時候，我們教會的成員不斷增多，對教牧的需求也成倍增長。我帶著一點反問而不求回答的語氣問她：「我該怎樣有效地服侍人數不斷增加的羊群呢？」

她並不認為我的問題是一個不求回答的反問句。我絕不會忘記她的回答。她笑了笑，聳聳肩，只是簡單地說了一句：「按立更多的牧者。」

當然——按立更多的牧者。我無法相信，自己之前竟然沒有想到過這一點。

好吧，我想，如果連摩西都看不到這麼明顯的事情，我可能也會如此。他的岳父葉忒羅把他拉到一邊，指出他需要更多的幫手。

　　第二天，摩西坐著審判百姓，百姓從早到晚都
站在摩西的左右……摩西的岳父說：「你這做的不
好。你和這些百姓必都疲憊；因為這事太重，你獨
自一人辦理不了。」（出 18:13，17-18）

葉忒羅的解決辦法是什麼？他建議有同工分擔工作。

　　並要從百姓中揀選有才能的人，就是敬畏神、
誠實無妄、恨不義之財的人……叫他們隨時審判百
姓，大事都要呈到你這裏，小事他們自己可以審
判。這樣，你就輕省些，他們也可以同當此任。（出
18:21-23）

　　增加斷案的人能減輕摩西的重擔，同樣，有多位長老就
可以分擔事工的重擔。所以，如果你是一位長老，就要想方
設法讓你的同工分攤工作。溝通教會中需要關注的熱點，並
協調你們的工作。如果你們被重擔壓得喘不過氣來，不要繼
續扛著──要馬上發出求救信號，呼籲弟兄們來幫忙。
　　你當如何更有目的地在你的監督團隊中分攤責任呢？
我已經提到，長老努力把教會成員分開，各自負責一部分成
員，但你不必非得用同樣的方式行事。關鍵是，要有意識地

去分擔工作。

瑞士軍刀式的長老

分擔牧養工作的好處不只是勞動分工。有眾位長老，還能使一個教會可以受益於長老的不同恩賜，讓每一位長老都能發揮他的長處。雖然所有長老都肩負著同樣的責任，但他們卻帶來了各種各樣的才能和經驗，並彼此配搭。

我記得自己還是小孩子的時候，擁有了我的第一把瑞士軍刀。我不太記得當時我有多大，但仍能記住那個場景，軍刀外面那閃閃發亮的紅色握把。夾在這個握把中間的，是那獨樹一幟的瑞士軍刀工具。我還記得當我一件一件地收拾這些工具時的興奮心情，想像著若迷失在荒野中，如何利用牠們來求生。在這些工具中有一把長刀、一把短刀、鑷子、螺絲刀、剪刀，當然還有最重要的戶外求生工具：一個開瓶器。

每年當我們歡迎新人加入長老團隊時，我都有類似的感受。每一位弟兄都會給團隊帶來獨特的恩賜，需要我們去發掘和使用。這就像打開一把人形的瑞士軍刀，一一展現出長老的恩賜。當然，所有的長老都同享一些恩賜，對於長老這個角色來說是最基本的，比如帶領和教導。然而，即使是這

些恩賜，在長處和表現方面，也各有不同。

在我們目前的長老團隊中，馬克是本地神學院的一位副教授，他用自己特別明顯的話語方面的恩賜，以及新約聖經研究專長，在教會內進行著強有力的教導事工。坎特一次又一次地使用他在金融方面的專長，帶領我們制定預算。約翰對禱告有極大的熱情，多年來他多次呼籲我們這支多少有點講求實用的長老團隊重新跪下來禱告。赫伯是一位有著非凡見識的人，在討論當中他常會提出尖銳的問題，將我們帶到問題的核心。

花時間去瞭解與你一同做長老的人。看清楚每一個人藏在他生命握把中的恩賜，並學習如何運用牠們。你們一同作工時，你可能會因著其他長老解決問題或決定事情優先次序的方法與自己不同而煩躁。但不要讓自己因這些差異而煩惱，而是要看到，其他長老是神所設立的一套工具中的一部分，用以服侍你所在的教會。這是眾長老制的精妙所在。

牧養牧者

上一章提醒我們，長老也是耶穌羊群中的一份子，我們把這稱為教會帶領「既是牧者也是羊」的悖論。這個悖論引發出一個很有意思的問題：如果牧者同時也是羊，那麼由

誰來牧養牧者呢？像其他人一樣，長老也需要教牧關懷。他們也會在試探面前屈服，落在憂鬱當中，捲入衝突，在教會事工中變得精疲力盡，或失去所愛的人。即使長老沒有陷入一場危機，他們也需要不斷成熟，就像任何其他教會成員一樣。誰在屬靈上監督他們呢？

再一次，眾長老制提供了一種解決方案。牧者必須牧養牧者。對會眾的督理是可持續的，因為眾長老會作為彼此的牧師而互相牧養。

幾年前，一位弟兄第一次加入我們的長老團隊。我半開玩笑地對他的妻子說：「你是否已經準備好接受試煉了？」

她問：「是什麼試煉？」

「就是你丈夫成為長老的時候，要臨到你們身上的試煉。準備好經受考驗吧。」這是我的回答。

顯然，現實更過於我所開的這個玩笑。他當長老服侍的時候丟了工作，失業超過一年。在這次「非自願安息年」期間，其他長老不斷地為他禱告，鼓勵他。靠著神的恩典和他們的支持，他度過了那一段時間，變得更加堅強和精煉。

如果你是一位長老，要冒點險，和其他人真實地面對自己。不要害怕暴露出你受傷害的地方和懼怕，你的掙扎和你的罪。如果你假裝成是一位超人，其他長老就不能很好地牧養你。具體來說，請他們為你生命中的具體需要來禱告。

正如我之前所提到的，我們的長老每個月會面兩次，其中一次全部用來禱告。在禱告會上，我們問可以為彼此代禱些什麼。這小小的實際操練，幫助我們繼續關注彼此是羊的那一面。

許多年前，在一次長老禱告會上，當我們問能為彼此禱告些什麼的時候，其中的一位長老摘下了平時的面具。他坦誠自己生意和財物上遇到危機，以及由此而來的絕望的掙扎。那是一個痛苦的時刻，但牠打開了一扇門。其他幾位長老邁進了這扇門，也分享了他們在婚姻中的需要。那天晚上我們接下來的禱告時間完全不是例行公事。我們帶著新的熱切之心和憐憫為彼此代禱。

如果你想要有效地牧養教會，你自己就需要接受屬靈的監督。所以，讓自己謙卑下來，允許其他長老來關懷你。

鐵磨鐵

我們一直在考慮，眾長老制如何使牧養工作持續進行，對平信徒長老而言更是如此。用團隊的方法能更好的牧養，因為牠保護長老免於精疲力竭，分攤侍奉的重擔，把彼此的才能和恩賜匯集起來，並在長老經受試煉時給予支持。

但牧者還得面對另一類危險：驕傲、操控、做事粗

暴、拒人於千里之外，甚至濫用權柄。正如我們在上一章中所看到的，長老必須帶領卻不轄制。眾長老制有助於防止我們有轄制的傾向，而營造出一種環境，在這個環境中，長老能夠踐行這句有名的箴言：「鐵磨鐵，磨出刃來；朋友相感也是如此。」（箴27:17）

當長老踐行一種健康的眾長老制時，一個人的觀點或喜好就較難出現轄制的狀況，因為眾位長老可以彼此制約。面對脾氣暴躁的長老，更為溫柔的長老能起到緩衝的作用。積極採取行動的人能推動喜歡做分析的人實際做出決策。信心大的長老能讓每一個決定不至於又一次變成保守的理財和風險管理，而講求實際的長老則可以幫助那些有夢想和異象的人，避免他們以「信靠神」為藉口而做出荒唐的事。這種互相平衡會創造出一種氛圍，讓自負之人難以忍受。

但更為重要的是，眾長老構成了一種架構，當其中一位長老走偏路時，其他的長老可以彼此提醒。

我們的長老聚會偶爾會變得非常激烈（我知道大多數教會情況並不會如此，因此你可能需要發揮你的想象力）。我們教會的情況是，我們蒙神祝福有堅強的領袖，他們很有主見，其中許多人也擔任長老的職分。長老們開會時，當出現有挑戰性的問題時，會議室的氣氛也更緊張。

但當我一次又一次地看到會後長老們把彼此拉到一

邊，我就深受感動。有時一個人向另一位道歉，因為他表達意見時太激烈。他們可能會在那周稍後的時間裏坐下，邊喝咖啡邊聊他們之間的分歧。還有些時候，一位弟兄會指出另一個人在會議期間的舉止不當，並敦促他糾正，改變其方式。當較年長的長老控制了發言權，讓年輕人不能發聲時，較年輕的長老會委婉地糾正這些年長的長老。因著與他們同做監督之人溫柔督促的緣故，長老會在會議中站起來，為自己在之前會議上回應語氣不當而向會眾道歉。

有一位長老一直以來說話都很直率。一方面，有他做長老實在很好，因為他能帶著熱情清楚地闡述與大家對立的觀點，幫助我們不至於落入小集體的思維模式。我越來越欣賞他的這一點，因為我傾向於回避衝突。但另一方面，這種直言不諱也會帶來摩擦。不過，他會在長老會議之後把我拉到一邊問自己是否越界，是否需要道歉。如果我說：「是啊，你可能有一點嚴厲。」這位長老就會馬上採取行動來補救。在過去的這些年，我能見證他變得更加溫柔、更有技巧和敏銳了，卻沒有失去他直言不諱的恩賜。

享受過程

我想最後強調一下眾長老制。作為團隊而不是像獨行客一樣牧養，會給人帶來更大的滿足感，甚至更有趣。回顧自己十五年以來的教牧侍奉，我可以說，我侍奉中最大的喜樂之一就是與我教會中的平信徒長老一道服侍。這些人對我而言，對彼此而言，都像好兄弟一般。我們一同歡笑，一起流淚，一同慶祝得勝，一同禱告，解決了那些看起來無法解決的難題。在我服侍期間一些最艱難的時刻，他們站在我身邊支持我（有時是真的站在我身邊）。有許多次，是我帶領他們前行。而有時候，是他們扶起我，背著我度過難關，直到我能再次帶領。

如果你所在的教會只有一位全職牧師，沒有其他的長老，我懇求你使用自己的一切影響力來推動你的教會改變，設立平信徒監督。這不僅是因為教會只有一人做牧師的做法不合聖經的秩序，而且因為目前的這種結構也奪去了牧師至關重要的支持和極深的滿足感。這還使其他教會成員失去了更豐富的教牧關懷，以及因看到他們當中不斷湧現教會領袖而有的喜樂。你的教會中有許多弟兄正在錯失成長的機會，而這種機會只有當他們憑信心挺身而出、監督教會時才會出現。

你需要多位長老。這是耶穌為可持續、有效牧養祂的教會所制定的計劃。

第七章

作成熟的表率

1996年1月1號早晨，我作為新上任的南岸浸信會臨時助理牧師坐在辦公室裏。最能讓我感受到人生意義的，最能給我帶來工作安全感的，莫過於「臨時助理牧師」這個頭銜了。

在那一天早上，我真的非常高興，我終於完成學業，有了一份正式的侍奉工作。幾星期之前，我完成了最後一年的神學院課程，結束了兩年半全時間的碩士課程。在上神學院之前，我已經完成了四年聖經研究的本科學習。經過六年多不間斷的學校學習，顯然我已經有了成為一名牧師所需要的一切：兩個神學學位，不斷擴充的聖經注釋藏書，以及幾篇我在上講道學時就已經預備好可以隨時使用的講章。我還需要什麼別的東西嗎？

有一件「小」事是我所遺漏的：我需要有人向我實際示範如何牧養一個教會。

所以神把老雷帶到了我的生活當中。

在這個教會邀我加入之前的幾周，他們已經聘請老雷

擔任臨時牧師。老雷是一位很有智慧的新英格蘭老牧師。在接下來一年半的時間內，他為我示範了如何牧養一個教會。我目睹了他在長老董事會的激流中航行。在他進行教牧輔導時，我坐在他的身邊，也會與他一道去醫院探訪。他向我演示如何在婚禮和葬禮上講道，直到今天我仍然受用。我看到了好的牧養在現實中是如何發揮作用的。有時我開玩笑說，如果我在教牧侍奉中有一些事情做得好，很可能是因為我在模仿老雷；如果我做錯了一些事情，則很可能是我即興發揮的緣故。

老雷不僅教導我服侍方法，還以身作則活出牧者的品格和心腸。他彰顯出忍耐，以一種緩慢得足以讓一家北方教會能夠接受的速度帶來了改變。他煥發出仁愛、謙卑和喜樂，就算事情不能如他所願時也是如此。他信靠神，通過禱告解決一個個難題。最重要的是，老雷愛會眾，會眾也知道這一點。最終，老雷不僅讓我看到如何做一名牧師，也讓全教會看到了什麼是跟從耶穌。

效法我

我與老雷同工的經歷讓我想起保羅對哥林多教會所說的話：「你們該效法我，像我效法基督一樣。」（林前

11:1）這句話你聽起來奇怪嗎？你是否曾經對另一位基督徒
說過，要效法你，像你效法耶穌一樣？這聽起來就像教會版
的猜字謎遊戲一樣自以為是。想像你對自己所在的查經班或
同是教會委員會成員的人說：「我想讓你們所有人都知道，
我跟從耶穌跟得相當好，所以你們也應當效法我。」也許這
句話只有保羅能說，畢竟他是一位使徒。他說「你們該效法
我」這樣的豪言壯語也是合宜的。

　　但保羅更進一步。他不僅說「你們該效法我」，而且敦
促腓立比教會關注那些效法他的人：「弟兄們，你們要一同
效法我，也當留意看那些照我們榜樣行的人。」（腓3:17）
你有沒有注意到這節經文後半部分的那個代詞？他說「我
們」而不是「我」。《腓立比書》中的「我們」指的是保羅
和提摩太（1:1）。因此這榜樣的圈子除了保羅以外還包括提
摩太，以及腓立比教會的基督徒，這些人在生活上效法保羅
和提摩太。

　　保羅在給提摩太的信中，明確教導他年輕的學生要做
讓人效法的榜樣：「不可叫人小看你年輕，總要在言語、
行為、愛心、信心、清潔上，都作信徒的榜樣。」（提前
4:12）

　　事情會不會是這樣：做讓人效法的榜樣並不只是專屬於
屬靈聖徒的工作？如果做榜樣和供人效法是決定基督徒做主

門徒正常旋律的兩個彼此相連的節拍呢？我們真的需要在成熟中長進，是否意味著在我們的教會中需要有更多的老雷和提摩太來樹立榜樣呢？

從神造我們之初就讓我們去模仿這一點來看，事情是這樣就不足為怪了。從嬰孩期開始，我們就模仿身邊之人的說話、行為和反應。每一位做父親的都有這樣驚異萬分的時刻，就是聽到自己的話從孩子的口中說出。母親擔憂他們進入青春期的兒女會濫交朋友，因為她們知道同伴行為模式的影響力。即使到了成年，我們也會從彼此身上學會口音、措詞、面部表情、幽默、品味、習慣和愛好。這就是為什麼擁有幸福婚姻五十年之久的夫婦，似乎會慢慢變得像一個人。

這種模範和模仿、榜樣和效法的趨勢，也體現在基督徒做主門徒的過程中。但基督徒的人生並不是從效法開始的，而是始於一個神跡。做主的門徒始於一個罪人聽到福音，聖靈通過聽道超自然地改變這人內在的品性。結果就是，這個罪人為罪悔改，相信耶穌死里復活，這一切都是為了拯救他。他已經被神的大能重生，他的第一聲呼求就是「耶穌是主！」一個人必須重生才能進入神的國，這個從不信到信的過程沒有人能效法。

但現在，我們這為天國而生、在屬靈上是嬰孩的人，必須成長，達到和基督一樣的成熟。這如何發生呢？這涉及到

幾個因素，例如從神的話語中得到滋養。但他還需要別的東西。神的新生兒需要有一個家，在這家中能以他人為榜樣來學習如何與耶穌同行。他需要一個地方教會。

一個健康的地方教會提供了一個豐富的關係環境，在其中人們互相做榜樣、彼此效法。通過成為一個福音團契中的一分子，我們這位新基督徒能與其他新信徒互相交流，這些人也正在適應，要過罪得赦免、跟從耶穌的那種與眾不同的奇妙生活。他能向年紀更大、跟從耶穌更久的兄弟姊妹學習，在這個過程中，他們靠著聖靈的能力勝罪，並通過信靠神的恩典度過人生中的風浪。他甚至還會找到一些敬虔的弟兄做自己屬靈的父母，例如使徒保羅，例如老雷這位臨時牧師。因著這些人的鼓舞，他發出如此的禱告：「主，幫助我成為像他那樣的人。」我們不僅需要純正的教導和講道，論述順服的基督徒人生，我們也需要看到實際的聖潔生命。我們因效法而成長，就像使徒效法耶穌，提摩太效法保羅，我效法老雷一樣。

用生命牧養

這一切和長老有什麼關係呢？本書論述了長老的工作內容。這与這裏關於榜樣和效法的討論有何關係呢？

很簡單：神已經呼召長老做值得他人效法的人。

一個健康的地方教會通常會有許多人，許多的男男女女，我們可以向他們學習。但是當一個教會設立某個人做監督，教會就是在宣告：「他是教會正式認可的、跟從耶穌的成熟榜樣。」盡管一位長老不是教會唯一的榜樣，也不是完美的榜樣，不一定是這個教會在所有基督徒美德方面最好的榜樣，但他仍然被教會公認為模範。教會確認某人擔任長老就是在說：「你們該效法他，像他效法基督一樣。」一個教會應當能把一位新信徒帶到一位長老面前說：「你想知道一個真正的基督徒應當是怎樣的嗎？那麼就看他吧！」

換句話說，一位長老既通過行動也通過生命來牧養信徒。信徒不僅要看他們做什麼，也要看他們如何行事為人。長老若沒有生命，做事時就會狀況百出。

我們來回顧一下前幾章列出的長老工作性質的要點。請留意，長老只有跟從神對他生命的呼召，才合乎這份待辦事項清單上的其他要求。簡而言之，像基督一樣的品格是教牧侍奉的必要條件。

我們在第二章中總結了長老的全部工作，就是牧養教會成員，讓教會成員能更像基督般的成熟。長老也是牧師，投入到教會成員的生命當中，為的是幫助他們一同成長，越來越有耶穌的樣式。

但如果一位長老自己都不成熟，怎麼可能牧養他人、使他們在敬虔上長大成人呢？就如你不會聘請一位因糟糕的投資決策而敗光家財的理財專家，或者與一位身材走形的健身教練一同健身不會給你信心。所以，當一位不敬虔、自私的長老說「你們該效法我」時，跟從他的人會寥寥無幾。你在基督裏帶領他人進深的程度，不會超過你自己的進深程度。

第三章列出了教導的任務。長老要解釋聖經真理，駁斥錯謬教義。但如果這位教師的生命與他的教導有非常明顯的矛盾，那將會怎樣呢？除了那些被洗腦、什麼都信的人，沒有人會再聽他說話。面對「按我說的做，而不是按我做的做」這種類型的教師，人們不會有太大的耐心。更糟糕的是，假冒為善教導神百姓的人要面對神的審判。難怪雅各警告說：「我的弟兄們，不要多人作師傅，因為曉得我們要受更重的判斷。」（雅3:1）

但是，當一位牧師把敬虔的生活與純正的教導結合在一起，就必然有一群忠心跟從他的人。我想起老雷擔任臨時牧師時，他有一篇講道特別令人印象深刻。在復活節那個主日，他根據《約翰福音》13章教導耶穌為門徒洗腳的事。我之所以記得那篇講道，原因有兩個：第一，這是一篇很棒的講道。老雷清楚地講述了耶穌的僕人身分，不僅包括洗腳這件事，還包括他上十字架洗去人的罪，很令人感動。老雷呼

籲我們的會眾，在福音的光照下，同樣以謙卑來彼此服侍。

第二，也許更重要的是，我記得那篇講道，是因為當我聽到做僕人的教導時，也在講道人身上看到了謙卑、服侍和捨己。老雷身為基督徒表裏如一的行事為人，讓我不能不去聆聽他講的資訊。

在第四章，我們考察了那些要求很高的長老責任，就是把走散的教會成員找回來。這項任務需要智慧，因為走散離開教會的成員，通常是脆弱和受傷的。因此，他們常常很難信任其他人。當一位品格令人存疑的牧者去追趕羊時，這迷路的羊很可能會倉惶逃走。如果長老連為自己守望都不能，一只羊會認真看待這位牧者為他「警醒守望」的工作嗎？

我們可以更進一步。如果一位牧師的假冒為善傳到了教會以外，這會讓其他人打消掉在主日到羊圈裏來看一眼的想法。「監督也必須在教外有好名聲，恐怕被人毀謗，落在魔鬼的網羅裏。」（提前3:7）

在第五章，我們看到要充滿信心又要溫柔帶領之間的張力。再說一次，敬虔的品格是關鍵。正如彼得所說：「務要牧養在你們中間神的羣羊……也不是轄制所託付你們的，乃是作羣羊的榜樣。」（彼前5:2-3）做榜樣是防止人專斷獨權的解決之道。當長老像耶穌一樣去生活、去愛人的時候，他們就不會是傲慢、轄制人的人，而是具有耶穌所塑造的謙

卑，這就給了他們一種道德方面的權柄，會眾就會甘心樂意地遵從他們。如果長老希望帶領會眾，就必須以身作則。

最後，我們在第六章中討論了眾長老制。監督不僅作為個人，而且作為一支團隊樹立了榜樣。思想你的長老團隊，牠就像是微觀的教會。牧者互動、解決問題、為合一努力，以及共同面對挑戰的方式，應當成為活生生的一臺戲，供全教會效法。一支長老團隊應該能夠集體說：「你們該效法我們，像我們一起效法基督一樣。」

我曾在教會教導過聖經所講的長老職分的課程。課程內容的一部分是我們「實地」觀摩一次長老會議。之後，學員們一同討論了那次經歷。他們談到了長老彼此表現出來的愛、謙卑和仁慈，以及長老為教會成員禱告時表現出來的真誠與關注。有些同學原來對長老們有不同的期望，以為他們會表現得更大有能力，像在公司一樣，令人生畏。但他們卻發現，長老在互動中有一点像耶穌。對於我們的監督來說，那是一個美好的夜晚。

你能否看到，敬虔生命的血液應當怎樣通過長老的每一項事工而有節奏地流動？但如果一位長老因悖逆主而在誠實上有瑕疵，他的侍奉就歸於無有了。長老與耶穌同行就像一條鏈子，他的工作內容就像串在這條鏈子上的珍珠。把這條鏈子切斷，珍珠就會散落到地上。一位長老可能很有才華、

富有經驗，而且具有人格魅力，但如果他沒有活出耶穌的樣式，他的不成熟最終會讓自己的恩賜失去立足點。一位長老的生命使他的服侍更有說服力、更有能力。這就說明了聖經為什麼會像我們在第一章中所看到的那樣，詳細列出了長老的資格要求，並且這些資格要求首先聚焦在堪稱榜樣的品格上。一位長老必須「無可指責」（提前3:2），他的全部侍奉都取決於此。

為你的生命守望

鑒於長老要做教會的榜樣（這極其重要），我們在結束本章時，就不能不再講另一個關乎長老工作的至關重要的本分：每一位長老都必須不斷追求聖潔、愛和靈命的成熟。長老要像耶穌一樣帶領，就必須越來越像耶穌。

保羅曾對提摩太說了這番話：「你要謹慎自己和自己的教訓，要在這些事上恆心；因為這樣行，又能救自己，又能救聽你的人。」（提前4:16）這些話讓人吃驚，是一種相當大的責任。保羅是在說，牧師當謹慎自己的生命和教訓，在拯救自己以及他人靈魂方面發揮某種神所設定的作用。

講到教導這部分，我們可能不會感到意外。人是因為聽聖經中的福音而得救，所以如果一位教會領袖持守純正的教

導，他的教導就可以成為神救恩的管道。

但牧者自己的生命又如何呢？若他謹守自己的生命，「在言語、行為、愛心、信心、清潔上，都作信徒的榜樣」（12節），他就在自己的得救以及教會會眾的得救方面發揮了某種作用。神的靈以某種方式，使用一位在生命方面謹守的監督，做成教會中其他人得救的工夫。因此，做榜樣和效法他人並不是可有可無的事。對於我們地方教會在屬靈上一同長進而言，牠們處於中心地位。

所以做長老的弟兄最要緊的是為你的生命守望。如果你盼望能與保羅一道說：「你們該效法我，像我效法基督一樣」（林前11:1），就必須首先與他一道宣告：「我是攻克己身，叫身服我，恐怕我傳福音給別人，自己反被棄絕了。」（林前9:27）

查驗你的內心看看是否有可能讓你失去資格的品性。要曉得你內心城牆上的低處，試探往往就在那裏對你發動攻擊。繼續與罪抗爭，無論在什麼地方發現罪，都要靠著聖靈的能力治死（參見羅8:13），順著聖靈而行（加5:16），讓情慾的事枯萎，聖靈所結的果子可以成熟（19-23節）。讓神的話語更新你的心意，使你能不斷地穿上新人（參見弗4:22-24）。每天把自己的身體當作活祭獻上（參見羅12:1-2）。

靠著福音進步

不要自以為是地認定，因為你是一位長老，就已經達到了完全。正好相反，成為一個教會的監督，會給你注入一種新的緊迫感，使你更進一步效法耶穌。

你的會眾不僅需要看到一位敬虔的長老，也要看到一位不斷成長的長老。保羅告訴提摩太不僅要謹慎自己的生活，還要在眾人面前有進步：「這些事你要殷勤去做，並要在此專心，使眾人看出你的長進來。」（提前4:15）這難道不是很有意思嗎？你的會眾需要看到你的長進，而不是你的完全。耶穌已經確保你將得著完全。教會不僅需要效法你在基督裏長進的程度，還有你仍然在進步的這個事實。

換言之，教會需要看到福音仍然在改變你的生命。羊需要知道，你也經常為罪悔改。他們需要聽到你大聲禱告呼求耶穌復活的大能在你心中動工。他們需要知道，每天你讀聖經禱告，不是因為你是教會設立的超級聖徒，而是因為你已經學會了，不每天吃嗎哪，你就沒有力量天天抵擋試探來服侍主。

在靠著福音長進上做榜樣，你就是在教導教會成員不看自己，而抬頭注目耶穌，即我們正在不斷改變、越來越有祂形像的那一位。

第八章

為羣羊代求

我們在前面的七章已經探討了聖經對長老工作的描述。作為對這工作說明的總結，我們已經說過，牧養教會成員就是讓他們越來越像基督般成熟。但我們也可以說，長老蒙神呼召，**要像耶穌一樣牧養地方教會**。

長老的工作是遵循耶穌服侍門徒的許多事工模式。耶穌教導神的話語，長老繼續教導同樣的話語；耶穌從天上來，尋找拯救失喪的人，長老也一樣追尋走散的人，有時還需要付出代價；耶穌完全體現了神的形像，長老努力效法耶穌，使自己做教會成員的榜樣。長老像耶穌一樣，通過教導、帶領、找尋、服侍、做榜樣來牧養教會。

但我們忘記了一件事。長老也必須效法耶穌「另一半」的事工。像耶穌一樣牧養，還意味著像耶穌一樣禱告：

> 但耶穌的名聲越發傳揚出去。有極多的人聚集來聽道，也指望醫治他們的病。耶穌卻退到曠野去禱告。（路 5:15-16）

這段經文概括了耶穌直到受難前所做的工作。我們很熟悉這概述的前半部分，即祂公開的侍奉，因為福音書用了大量的篇幅來描述這些。我們一次又一次看到耶穌在百姓當中教導、行神蹟和服侍人。

但這概述的另一半，即描述耶穌常常退下禱告的那一部分，我們是否也熟悉呢？我們在這方面知道得並不太多，主要是因為福音書作者並沒有非常詳細地描述耶穌的禱告生活。但我們若留意，就能多次瞥見這禱告雖然不顯眼，卻是耶穌事工中不可分割的層面。讓我們來看看路加的描寫：

- 耶穌在受洗時禱告，那時天開了，聖靈降下，天父說話（參見3:21-22）。
- 耶穌開始在迦百農一天忙碌的工作時，去到曠野的一個地方，當然是去禱告（參見4:42，又見5:16）。
- 耶穌揀選十二門徒之前，整夜在外面禱告（參見6:12）。
- 耶穌私下與門徒禱告（參見9:18），甚至把彼得、雅各和約翰帶到一座山上禱告，那時候他們看見祂改變了形像（參見9:28）。
- 耶穌禱告的榜樣促使門徒請祂教導他們禱告（參見11:1），因此祂教導他們主禱文。

- 祂講了堅持不懈的寡婦的比喻，為的是鼓勵他們「常常禱告，不可灰心」（參見18:1）。
- 就在耶穌被釘十字架前幾小時，祂在客西馬尼園中向父懇求，勝過了試探（參見22:39-44）。
- 在路加寫的續作《使徒行傳》中，使徒在耶穌離開之後「同心合意地恒切禱告」（參見1:14）。
- 隨著教會誕生，人數增長，使徒發現看顧會眾的實際需要擠占了禱告的時間，所以他們提議設立七個人來解決教會日益增長的治理需要（參見6:1-3）。使徒如何使用那些重新獲得的時間和精力呢？他們說：「但我們要專心以祈禱傳道為事。」（6:4）

　　使徒延續了耶穌的事工模式，就是傳道和禱告雙管齊下的事工。

　　你是否覺得奇怪，使徒甚至連主耶穌也把極多的精力放在如此多的禱告上？你是否像耶穌和祂的使徒那樣，讓與天父交談成為你生活和侍奉的標誌？

靠禱告生活

　　耶穌自己與父相交的榜樣，以及牧養工作本身高要求

的性質，都應成為推動我們操練禱告的動力。無論從哪方面說，教牧侍奉都會促使你跪下禱告。

我希望在這一點上，你對監督一間教會的前景有一種健康的敬畏。這工作可能令人極度疲倦。教導、做導師培訓、當面責備人、尋找走散的人、帶領人前進，這些都會消耗大量的時間，可能會讓你心靈疲累。不管我們做了多少牧養的工作，總有更多的事工可以做。一位長老總是可以多打一個電話，多對一個人進行門訓，或多邀請一個人來吃飯。牧者該如何來定義完工這個詞呢？

難怪長老團很容易退後到董事會的模式。圍坐在一張桌子旁，花幾個小時討論一些政策，然後投票表決，這要容易得多。「完工」就是指會議結束。但是當你進入教牧侍奉團隊，不管你是受薪同工還是平信徒監督，你都要知道自己的時間、精力、知識和恩賜是有限的。讓人有盼望的是，這會促使你呼求神的幫助。對長老而言，禱告不僅僅是一種本分，而且還是一種至關重要的生存策略。

但是，不僅工作量的多少，而且工作的目標也應推動長老禱告。正如我們在第二章中看到的，長老的目標是帶領教會成員在基督裏成熟，但他們卻沒有能力讓任何人在屬靈方面長進。監督能夠教導聖經，但他們不能讓人發自內心地順服聖經。長老能勸勉發生糾紛的教會成員和好，但他不能

使任何一方饒恕對方。神賦予了長老一個只有神自己才能成就的目標。正如保羅提醒崇拜牧者的哥林多教會:「我栽種了,亞波羅澆灌了,惟有神叫他生長。可見栽種的,算不得什麼,澆灌的,也算不得什麼;只在那叫他生長的神。」(林前3:6)

我們在屬靈上的無能應當驅使我們呼求神的大能,求他讓我們的會眾成長。我們就像以利亞一樣,可以修復祭壇,預備祭物,但必須由神來將聖靈的火降在人的心裏和生命當中(參見王上18:30-39)。

如果長老那高要求的工作內容以及在人來說不可能做到的成功標準,還不足以讓他向上主懇求幫助,那麼只要他朝著鏡子看自己一眼,就應當能做到這一點。任何有一絲自我認識的長老都知道,他的罪性會破壞自己的事工。他打開聖經,就會看到人內心的光景反映在亞伯拉罕的欺騙、大衛的淫念、以利亞的絕望、希西家的驕傲、彼得的背叛當中。如果這還不夠糟糕,他會讀到有一隻獅子正在四處遊蕩,渴望捕食羔羊(參見彼前5:8)。當一位長老意識到自己也是一隻口渴、受傷、走偏路、遭捕獵的羊時,他就會發出羊一樣的呼聲,向那位好牧人尋求幫助。

是的,耶穌的榜樣促使我們這些長老禱告,但教牧事工的要求和我們自己的不足也應當把我們推到耶穌的面前,求

他做成那不可能的事。監督禱告，不僅是為了像耶穌一樣牧養；我們禱告，是因為我們需要耶穌通過我們、對我們做成牧養的工作。一位長老的事工是依靠禱告而存在的。

操練禱告

基於禱告的長老侍奉到底是什麼樣子的呢？那些受到耶穌的鼓舞，對自身責任感到絕望的長老，要如何專心禱告呢？

試著不要把禱告看作是一項額外的負擔，而要努力將其塞進你那已經超負荷的日程安排中。要把禱告看作是操作系統，所有長老的應用程序都要在這個系統中運行。正如保羅所說：「不住地禱告。」（帖前5:17）最好的禱告就是隨口流露出倚靠神的平靜安穩。就像品格一樣，禱告應當從長老所做的一切事情流露出來。禱告應當是一種慣常的靈裏呼吸，把聖靈的生命帶進我們的生命和工作當中。

以下有四種可能的方法，可以將禱告與你做長老的工作結合在一起。

公開禱告

努力在所有公開帶領的時刻禱告。要做一個抓住一切機會禱告的人。無論你是在主持聖餐，教導主日學，在事工培訓上發言，還是主持教會會議，都要利用你在那一刻的權柄，代表與你一同聚集的這群人禱告。當你與其他教會成員在一起解決問題時，要能這樣說：「也許我們該停下來，向神尋求幫助。」如果你這樣問教會中的人是否能禱告，一定沒有人會反對。

除了禱告自身的價值外，將禱告與公開聚會結合在一起，也讓你有機會通過以身作則來教導會眾如何禱告。所以，當你代表聚集的教會成員禱告時，要努力演示什麼是發自內心、平衡的禱告。確保不僅為會眾個人的需要禱告，也為其他教會禱告，為你所在地區植堂建立的新教會禱告。不僅為你所在的國家即將舉行的選舉禱告，也要為著福音在全世界的傳揚禱告。為日用的飲食禱告，但不要忘記祈求神的國降臨，求祂的旨意成就。試著像聖經大多數禱告那樣開始你的禱告，就是尊崇神的品格和作為：「願人都尊你的名為聖！」（太6:9）靠著神的恩典，會眾會效法你的禱告，就如你效法聖經的模式。

你公開禱告時，不僅做了眾人禱告的榜樣，也體現出一種依靠的態度。如果屬靈的領袖說：「我們需要神的幫

助。」他就是在對跟從的人發出一個強有力的信息。倚靠神的公開禱告，是帶領卻不轄制的另一種方式。

我上神學院的時候，師從一位名叫克萊恩（Meredith Kline）的教授。我上他的課的時候，他已經快要退休了。克萊恩博士因著他在聖經神學方面的學術研究而受人尊敬。他致力於幫助人理解聖經的整體敘事是如何銜接在一起的。但除了他的神學框架（這框架幫助我將聖經作為一個整體來閱讀，給我帶來了極大的沖擊），他的禱告也深深地影響了我。

他每節課都以禱告開始。他的聲音幹澀、刺耳、多少有點單調，不太適合公開禱告。而他的禱告卻很長。克萊恩博士經常禱告十分鐘或更長的時間，但他與神的交談卻令人著迷。他禱告時，彷彿把對聖經和神學的浩瀚知識轉化成了對神的敬拜和敬畏。我看到一位卓越的智者在神的偉大面前謙卑自己，享受神在耶穌裏救贖工作的長闊高深。一門課接一門課，這位矮小的老人感動了我，使我渴望能像他一樣認識神，與神交談。他在公眾場合抓住機會公開禱告，大大地影響了學生的生命。

極少有長老或牧師在學術方面有克萊恩博士那樣的造詣，但所有教會監督都有公開的機會，可以順理成章地善加使用，去做發自內心、合乎聖經的禱告。這並不要求你擁有

博士學位。

長老的禱告

讓禱告成為長老會議的重要組成部分。是時候做出改變了，不只是要求某人在聚會的「開始」或「結束」時禱告。每次你們聚會的時候，留出時間來進行更長時間的集體禱告。實際上，我們要把禱告作為會議日程安排的第一項內容。

此外，在會議期間，你也可以不受拘束地隨時禱告。我很欣慰，鮑勃在我們的長老會議上經常這樣禱告。有時我們要討論一些讓人心情沉重的話題，例如一位教會成員的光景讓人心碎，或者在沒有明確選擇的情況下必須做出一個困難的決定。鮑勃經常舉手說：「我們能不能暫停一下為這件事情禱告？」做困難的決定，是我前面提到的長老的應用程序之一，但依靠神的禱告是操作系統。

改變你的長老會議以及與你同做長老之人的一個簡單方法，就是有計劃地按照教會的成員名錄禱告。你們這樣做的時候，不僅教會成員會得著他人為他們代求的祝福，你和其他長老也會把注意力重新放在教會成員身上，而不是教會的治理模式。長老們甚至會發現，為教會成員禱告，要比辯

論該花多少錢來買一套新的暖氣系統，或是否允許鎮上的園藝俱樂部使用教會場地舉辦活動更能給長老帶來滿足感。

我所在教會的長老就是這樣做的。我將在長老開會時禱告作為一種可能的方法，但這肯定不是唯一的方法，甚至不是最好的。我們的長老通常每月開兩次會，第一個星期二是「禱告」會，在第三個星期二開「事務性」會議。我們也盡量在事務性會議上禱告，只是禱告的內容沒有那麼寬泛。

在禱告會上，我們分享教會已知的需要，包括我們這些長老自己的需要，然後我們把餘下的時間用來為這些事禱告，並為教會成員名單的大部分成員禱告。長老的禱告會大概是我們最喜歡的教會活動之一了。

最後一個想法：可以考慮呼籲與你同做長老的人在特殊時候禱告甚至禁食。當我們的長老面對教會生活中的困難時，我們有時會用一周時間來禁食禱告。讓各位長老在不同時間禁食，這樣整周都有禁食禱告。我們需要經常這樣做。

個人禱告

我所說的「個人」禱告並不是指你自己禱告（我們會在下面「私下禱告」的部分討論這一點）。我指的是與教會成員面對面的禱告。

　　同樣，這種禱告不是長老待辦事項清單上的附加活動，而是應當成為你固定牧養工作中的一部分。每次你與一位教會成員談話時，要努力為他/她禱告，就在當時跟對方一起禱告。無論你是與某人見面喝咖啡，還是在你家裏吃完晚飯後聊天，把你們所討論過的事情集中在一起，交託給神。甚至在周日聚會後，你站在擁擠的教會走廊上，一位成員分享了他擔心的事和面對的試煉，試著此時停下來問對方：「我現在能為這件事禱告嗎？」從來沒有人拒絕過我。

　　此外，要設法讓你的長老團隊實踐《雅各書》的5章14至15節：

> 你們中間有病了的呢，他就該請教會的長老來；
> 他們可以奉主的名用油抹他，為他禱告。出於信心
> 的祈禱要救那病人，主必叫他起來；他若犯了罪，
> 也必蒙赦免。

　　這兩節經文引出了許多很有意思的問題，比如說，「是不是要使用油？」「病和罪之間有什麼關係？」「長老為病人禱告，這與赦免有什麼關係？」我在這裏的目的，並不是要詳細地解釋這段經文，只是想問：「你和與你同做長老的人有沒有像雅各說的那樣為病人禱告？」

我們的長老已經採取了這種做法，並且有很多人說，這
是他們長老事工的一大亮點。我們看到了神的作為。有時，
神讓有病的教會成員在一段時間內得著某種程度的緩解。在
某些情況下，神看來已經賜下了神跡般的醫治，這種醫治讓
腫瘤科醫生百思不得其解。還有時候，我不能確定神是否已
經對生病的教會成員進行了任何醫治，但他已經在靈裏得到
堅固，能夠繼續前進。

就在我寫這本書的時候，我的父親正在與癌症抗爭。他
和我的母親都是教會的成員，他們請長老禱告，長老就來為
他禱告。我們還不知道神會如何回應這求醫治的禱告。但我
要說，十幾個敬虔的人在我父母的客廳裏，為著我爸爸媽媽
向神傾心吐意地禱告，這經歷對我父母，對這些人來說，都
意義重大。

私下禱告

最後，絕不可少的是，你要留出時間來私下禱告，與神
相交。我希望在這一點上你能看到，作為一位長老，對私下
禱告的迫切需要是顯而易見的。如果你自己不與主同行，就
容易偏離正路，可能會帶著羊與你一同偏離。

要有意識地在生活中常常私下禱告。每天將一些時間分

別出來禱告，在某個地方以某種方式禱告。在你上下班的時候，在你遛狗的時候，或在你出去辦事的時候禱告。隨身帶一份教會成員名單，一有空就在神面前記念每一個人。

私下的禱告和用耶穌的話與他相交，可能是牧師們最容易忽視的習慣。然而，諷刺的是，對於我們生活和事工的屬靈活力而言，這些很有可能是最具決定性的做法。如果在耶穌手下做牧者的人專心禱告，就像他們專心制定財務預算、寫電子郵件和制訂政策一樣，我們地方教會的羊群將會發生怎樣的改變呢？

參加禱告會

我們在本章開始時探討了耶穌的禱告。祂以禱告貫穿並推動着祂的公開侍奉。長老應當以耶穌（以及眾使徒）為榜樣，並渴望效法祂。

但我們還要記住耶穌禱告事工的另一方面：耶穌現在仍然在禱告。

耶穌活著，坐在父的右邊，作為我們的大祭司，為祂的百姓代求（參見羅8:34；來7:25）。我們的中保耶穌向父說話，為我們辯護（參見約壹2:1）。就在耶穌上十字架前的幾個小時，祂依然向父禱告，求父保護門徒不至於像猶大一樣

失落（參見約17:11-15）。耶穌代表我們與父交談，祂的百姓靠著神的恩典繼續得蒙保守。

因此，當長老為他們的教會禱告時，他們不僅是在效法耶穌，也是與耶穌一同做工。在祂手下的牧者與那位牧長自己一同發聲，求父保護羊群，帶領他們安全地回到家中。

結　語

牧養工作存到永遠的重大意義

在一個地方教會做長老侍奉，是一份極大的特權和責任，因牠具有存到永遠的重大意義。這項任務看起來令人生畏，有時甚至讓人覺得無法完成。但牠卻值得你全然投入，因為你做管家所管理的不是別的，正是神用血買來的百姓，你在做的，是為了他們永恆的福祉和神直到永遠的榮耀。

因此，鑒於牧養工作這存到永遠的重要意義，最後我請你們這些與我同做長老以及將來可能做長老的人思想兩個問題。一個是警告，另一個是應許。

首先是警告：**要好好牧養，因為你要為此交賬。**要記得我們在《希伯來書》查考過的經文：

> 你們要依從那些引導你們的，且要順服；因他們為你們的靈魂時刻警醒，好像那將來交賬的人。你們要使他們交的時候有快樂，不致憂愁；若憂愁就與你們無益了。（來 13:17）

　　這節經文主要是告誡教會成員的，但其中也穿插著對監督的警告。長老要時刻警醒，「好像那將來交賬的人。」教會是屬於耶穌的，祂買贖了羊。長老只不過是負責看顧那些「託付」給他們的人（彼前5:3）。牧師要為著如何看顧主人的羊群向祂交賬。我們要為著如何對待新郎的新婦而向祂交賬。難道我們只是單單教導神的真理、祂全備的真理嗎？我們要像祂愛祂的羊一樣愛他們嗎？我們是濫用權柄還是謙卑？我們是把弟兄姊妹引向耶穌，還是在他們努力跟從耶穌的時候，我們的行事為人成了他們的絆腳石？

　　但也有一個直到永遠的應許：**好好牧養，因為你要得到冠冕**。彼得勸勉與他同做長老的人要謙卑、做榜樣牧養之後，他表明了這個應許：「到了牧長顯現的時候，你們必得那永不衰殘的榮耀冠冕。」（彼前5:4）

　　我們每週有太多工作、太多擔憂其實都是毫無意義的。《傳道書》提醒我們，我們的勞苦和成就都是虛空。我們積聚建造，只是把這些留給了其他人。但對富有成效的牧養工作的賞賜卻絕不會被人奪去。你每週所做的事除了牧養之外還有什麼別的，是神所應許要給你的不衰殘的冠冕嗎？

　　弟兄們，在你思想是否要成為一位長老並且計算代價的時候，請記住，要把那為忠心良善僕人存留直到永遠的榮耀計算在內。

睡在塵埃中的，必有多人復醒。其中有得永生
的，有受羞辱永遠被憎惡的。智慧人必發光，如同
天上的光；那使多人歸義的，必發光如星，直到永
永遠遠。（但 12:2-3）

經文索引

你的教會健康嗎？

使命：

　　九標誌事工存在的目的是為了用聖經視野和實用資源裝備教會領袖，進而通過健康的教會向世界彰顯神的榮耀。

　　為此，我們希望幫助教會在常常被忽略的、但卻是健康教會當有的九個標誌上成長：

I. 解經式講道

II. 福音教義

III. 基於聖經理解歸信和傳福音

IV. 合乎聖經的教會成員制

V. 合乎聖經的教會紀律

VI. 關注合乎聖經的門訓和成長

VII. 合乎聖經的教會帶領

VIII. 基於聖經理解和實踐禱告

IX. 基於聖經理解和實踐宣教

　　在九標誌事工網站，我們會發表文章、書籍、書評和電子期刊。我們同時也舉辦大會、訪談教會領袖，和提供其他資源來裝備教會以彰顯神的榮耀。

　　您可以訪問我們的中文網站（https://tc.9marks.org/）來獲取更多的資源。

九標誌已經翻譯出版的「建造健康教會」系列書籍有：

《教會成員制》（*Church Membership*），約拿單‧李曼（Jonathan Leeman）著，2014。

《解經式講道》（*Expositional Preaching*），大衛‧赫爾姆（David Helm）著，2015。

《教會紀律》（*Church Discipline*），約拿單‧李曼（Jonathan Leeman）著，2015。

《長老職分》（*Church Elders*），傑拉米‧萊尼（Jeramie Rinne）著，2015。

《門徒訓練》（*Discipling*），狄馬可（Mark Dever）著，2017。

《福音佈道》（*Evangelism*），J. 史麥克（J. Mack Stiles）著，2018。

《福音》（*The Gospel*），雷‧奧特倫（Ray Ortlund）著，2019。

《純正教義》（*Sound Doctrine*），鮑比‧傑米森（Bobby Jamieson）著，2019。

《禱告》（*Prayer*），約翰‧翁武切庫（John Onwuchekwa）著，2020。

《宣教》（*Missions*），安迪‧詹森（Andy Johnson）著，2020。

《圣经神学》（Biblical Theology），尼克‧羅克（Nick Roark）与羅伯特‧克萊恩（Robert Cline）合著，2020。

《歸信：神如何招聚他的百姓》（Conversion），邁克爾‧勞倫斯（Michael Lawrence）著，2020。

九標誌已經翻譯出版的其他九標誌書籍有：

《健康的教會成員》（*What Is a Healthy Church Member?*），安泰博（Thabiti M. Anyabwile）著，2014。

《健康教會的九個標誌‧學習手冊》（*Nine Marks of a Healthy Church Booklet*），狄馬可（Mark Dever）著，2014。

《神榮耀的彰顯：會眾制教會治理》（*A Display of God's Glory: Basics of Church Structure*），狄馬可（Mark Dever）著，2014。

《福音真義》（*What Is the Gospel?*），紀格睿（Greg Gilbert）著，2015。

《憑誰權柄：浸信會中的長老》（*By Whose Authority? Elders in Baptist Life*），狄馬可（Mark Dever）著，2015。

《何謂健康教會》（*What Is a Healthy Church?*），狄馬可（Mark Dever）著，2015。

《耶穌是誰》（*Who Is Jesus?*），紀格睿（Greg Gilbert）著，2016。

《福音信息與個人佈道》（*The Gospel and Personal Evangelism*），狄馬可（Mark Dever）著，2016。

《我真是基督徒嗎？》（*Am I Really a Christian?*），邁克‧麥金利（Mike McKinley）著，2016。

《教會》（*The Church*），狄馬可（Mark Dever）著，2017。

《教會生活中的長老》（*Elders in the Life of the Church*），費爾‧牛頓（Phil. A. Newton）與馬太‧舒馬克（Matt Schmucker）

合著，2017。

《迷人的共同體》（*The Compelling Community*），狄馬可（Mark Dever）與鄧潔明（Jamie Dunlop）合著，2018。

《牧師的輔導事工》（*The Pastor and Counseling*），傑里米・皮埃爾（Jeremy Pierre）與迪帕克・瑞吉（Deepak Reju）合著，2018。

《尋找忠心的長老和執事》（*Finding Faithful Elders and Deacons*），安泰博（Thabiti M. Anyabwile）著，2018。

《為何相信聖經》（*Why Trust the Bible?*），紀格睿（Greg Gilbert）著，2018。

《以聖道為中心的教會》（*Word-Centered Church*），約拿單・李曼（Jonathan Leeman）著，2019。

《什麼是教會的使命?》（*What Is the Mission of the Church?*），凱文・德揚（Kevin DeYoung）與紀格睿（Greg Gilbert）合著，2019。

《艱難之地的教會》（*Church in Hard Places*），麥茨・麥可尼（MezMcConnell）與邁克・麥金利（Mike McKinley）合著，2019。

九標誌已經翻譯的合作夥伴書籍有：

《豎起你的耳朵來：實用聽道指南》（*Listen Up! A Practical Guide to Listening to Sermons*），克里斯托弗・艾許（Christopher Ash）著，2015。

《以基督為中心的婚禮》（*A Christ-Centered Wedding: Rejoicing in the Gospel on Your Big Day*），凱瑟琳·帕克斯（Catherine Parks）與琳達·斯特羅德（Linda Strode）合著，2016。

《家庭敬拜》（*Family Worship*），唐·惠特尼（Donald S. Whitney）著，2018。

其他機構出版的九標誌中文書籍有：

《健康教會九標誌》（*Nine Marks of a Healthy Church*），狄馬可（Mark Dever）著，美國麥種傳道會，2009。

《深思熟慮的教會》（*The Deliberate Church*），狄馬可（Mark Dever）與亞保羅（Paul Alexander）合著，美國麥種傳道會，2011。

《聖經神學與教會生活》（*Biblical Theology in the Life of the Church*），邁克·勞倫斯（Michael Lawrence）著，中華三一出版有限公司，2018。